# ESTÉTICA DA ESTUPIDEZ

## A ARTE DA GUERRA CONTRA O SENSO COMUM

# PAVINATTO

# ESTÉTICA DA ESTUPIDEZ

## A ARTE DA GUERRA CONTRA O SENSO COMUM

70

**ESTÉTICA DA ESTUPIDEZ**
A ARTE DA GUERRA CONTRA O SENSO COMUM

© ALMEDINA, 2021

AUTOR: Pavinatto

DIRETOR ALMEDINA BRASIL: Rodrigo Mentz
EDITOR DE CIÊNCIAS SOCIAIS E HUMANAS: Marco Pace
ASSISTENTES EDITORIAIS: Isabela Leite e Larissa Nogueira
REVISÃO: Gabriela Leite

DIAGRAMAÇÃO: Almedina
DESIGN DE CAPA: Ale Venancio
FECHAMENTO DE CAPA: Roberta Bassanetto

ISBN: 9786586618778
Dezembro, 2021

Dados Internacionais de Catalogação na Publicação (CIP)
(Câmara Brasileira do Livro, SP, Brasil)

---

Pavinatto
Estética da estupidez : a arte da guerra contra o
senso comum / Pavinatto – São Paulo : Edições 70, 2021.

ISBN 978-65-86618-77-8

1. Ensaios filosóficos 2. Estética
3. Homossexualidade 4. Razão 5. Religião 6. Verdade
I. Título.

21-85748                                                                    CDD-102

---

Índices para catálogo sistemático:

1. Ensaios filosóficos 102

Cibele Maria Dias – Bibliotecária – CRB-8/9427

Este livro segue as regras do novo Acordo Ortográfico da Língua Portuguesa (1990).

Todos os direitos reservados. Nenhuma parte deste livro, protegido por copyright, pode ser reproduzida, armazenada ou transmitida de alguma forma ou por algum meio, seja eletrônico ou mecânico, inclusive fotocópia, gravação ou qualquer sistema de armazenagem de informações, sem a permissão expressa e por escrito da editora.

EDITORA: Almedina Brasil
Rua José Maria Lisboa, 860, Conj. 131 e 132, Jardim Paulista | 01423-001 São Paulo | Brasil
editora@almedina.com.br
www.almedina.com.br

*O presente ensaio, imodesta contribuição à Filosofia da Aparência debulhada sob a ótica da Estética da Estupidez, dedicamos à memória do Grande Ator **Paulo Gustavo** (\*1978 †2021) que, ao ter sido vítima – sem que pudesse saber e se defender, pois, desacordado no leito hospitalar – dessa lamentável característica demasiadamente humana, fez surgir em nós uma vontade que superou o nosso costumeiro comodismo de, como qualquer burro, empacar o que sabemos na porta da nossa reserva mental. Esse ataque homofóbico, cruel e covarde do anticristo tornou em nós, assim, irresistível a necessidade de, escrevendo, exteriorizar e compartilhar os nossos pensamentos sobre tema tão universal.*

*Para a nossa infelicidade, não pudemos conhecer esse Mestre do Humor, a não ser dos seus shows e, em uma única oportunidade, de vista; da época do começo de sua carreira de sucesso na televisão quando, no toilette de uma festa no centro de São Paulo, morremos de rir com uma espinafrada espirituosa sua a um fã que não lembrava o seu nome.*

*O pai do Gael e do Romeu, marido do Thales, faleceu algumas horas depois da entrega deste manuscrito que, até então, expressava a esperança na sua recuperação das complicações decorrentes do mal tropical que cospe fogo sobre a cabeça de todos nós brasileiros: o híbrido de Bolsonaro com a Covid-19.*

*O poeta neolatino francês Jean de Santeul (\*1630 †1697) cunhou um dos dísticos mais importantes do pensamento da nossa civilização:*

*"Ridendo castigat mores"* (rindo, se corrigem os costumes). Mas, em trajes de luto, *"ridendo castigat mores"* tornou-se *"morrendo, castigou o riso"...* De fato, essa injusta partida do nosso Gênio do Riso privou este mundo doente de fanatismos da sua arte, do remédio que nos ajudava a suportar a vida nestes tempos tão estúpidos.

Porque é honesta, segue esta homenagem.

TIAGO PAVINATTO
São Paulo, 4 de maio de 2021.

# PREFÁCIO

Muito me honrou a escolha do autor da presente obra para lhe apor essas palavras de abertura, sendo justamente do que nela se trata, de buscar uma abertura no estreitamento cada vez maior de um modo ainda muito generalizado, "pandemizado", de pensar e, antes de mais nada, de sentir – donde ser de uma estética que se trata.

Esta "Estética da Estupidez" lembrou-me uma outra, a "Estética da Desaparição", obra de Paul Virilio, menos discutida do que outras suas, anteriores e posteriores. A "estupidez" e a "desaparição" de que tratam de fazer a estética os respectivos autores são congeniais, "co-geniais". O que desaparece, imerso em estupidez, é a percepção mais lúcida que sonâmbula, a que referia este a quem devemos lembrar mais do que pela proximidade de data comemorativa do centenário do movimento que animou em 1922, José Oswald de Sousa Andrade, quando proclamava em seu "Manifesto Antropófago": "Vivemos através de um direito sonâmbulo". E esse estado de sonâmbulo, que poderia ser bom, por mais próximo do sonho, nos tem levado a um pesadelo cada vez maior. É de dentro deste pesadelo, ainda maior do que aquele relatado por Virilio, que nos interpela Pavinatto.

Sim, a "Estética" que o leitor tem em mãos foi realizada em plena pandemia, ainda em andamento, em condições muito agravadas, nas quais a padecemos neste país, em que a máxima estupidez detém o poder de subjugar a ela a maioria, composta por enormes minorias, poder estatal aliado ao monopólio econômico, isto que aqui chegou, a bordo de caravelas, trazidas pelos ventos da modernidade então nascente.

O impulso para o desenvolvimento da exposição vem da vida como o A. a tem vivido, contendo algo que muito justamente o indigna, que é a discriminação da homossexualidade, do homoerotismo. Aqui nos ocorre um paralelo com outra obra, desta feita de Mikhail M. Bakhtin, escrita no início dos anos 1920, "Para uma Filosofia do Ato Responsável", que restou inacabada, e se diferencia bastante, em sua temática, do que veio a ser tratado por este importante autor naquelas que o notabilizaram. Tendo sido publicado somente em 1986 o quanto fora escrito, a saber, a Introdução e a primeira parte, versando sobre a "arquitetônica do mundo real enquanto algo vivido", após a leitura da "Estética da Estupidez", basta verificar o quanto é na referida Introdução enunciado como programa a ser desenvolvido, sem, no entanto, que o tenha sido, para perceber o paralelismo das intenções dos autores: a segunda parte teria como objeto a "atividade estética do ponto de vista do autor que participa"; a terceira trataria da ética da política; na quarta e última, seria abordada a ética referente à religião. Na obra realizada tem-se a preocupação com a cisão entre o quanto se produz, ao agir, em ato, direcionado ao mundo vivido (uma alusão ao que pela mesma época Edmund Husserl, com preocupações bem semelhantes começaria a denominar, em termos similares, de *Lebenswelt*) e o que daí resulta para o mundo da cultura, da teoria, que não reverte em esclarecimento para o primeiro, assim como nele não encontra justificativa. Tal cisão propicia a irresponsabilidade de nossos atos, prejudicando seu aspecto criativo, aquilo que para Tiago Pavinatto representa o que nos distingue como humanos, tocados por uma característica que atribuímos à(s) divindade(s), desnaturalizando-nos, logo, "desanimalizando-nos", com o que só podemos manifestar nosso assentimento.

Ora, esta "grande cisão" resulta do conjunto daquelas outras, produto da diferenciação das esferas da vida social, em que se acham imersas as vidas individuais, com a instauração da modernidade, que a análise sociológica, de Max Weber a Niklas Luhmann, nos apresenta. Destas fraturas, que indubitavelmente resultaram em muitos benefícios, também

ESTÉTICA DA ESTUPIDEZ

resultaram e continuam resultando em malefícios de pelo menos igual monta, pois envolvem a separação formalista da religião e da política, da ética e da ciência, do direito e da economia, umas das outras e de todas entre si. Entendo o esforço extremamente meritório de Pavinatto como indo no sentido de suturar tais cortes, um verdadeiro esfacelamento, cuja sagacidade inicial vem revelando com o tempo sua estupidez.

A genial solução filosófico-teológica de J. Duns Scotus para o problema dos universais, na Baixa Idade Média, com a proposta da distinção formal, quando generalizada, termina obliterando a capacidade para perceber, por exemplo, o quanto há de religioso numa era que se entende como secular, e não é só da influência da ética protestante no espírito do capitalismo que se trata, como demonstrou Weber em estudo clássico, mas sim de que o capitalismo é uma religião, como deixou consignado Walter Benjamin em escrito só mais recentemente alvo da devida atenção. E o mesmo Benjamin, para escândalo de seus amigos marxistas, no que podemos considerar seu testamento filosófico, em suas "Teses sobre o conceito de história", já de início, aponta o fundamento teológico do materialismo histórico, teologia do que seria igualmente uma religião, claro, concorrente daquela que seria o capitalismo, nomeadamente, o comunismo – religiões essas que teriam se amalgamado, sob as bênçãos do confucionismo, para resultar na potência que vem se impondo mundialmente a partir da China, beneficiando-se ainda do que na presente obra, já no início, é caracterizada como a "nova religião mundial", aquela criada pelas empresas do Vale do Silício. E nisso, vale registrar, coincide com o quanto vem desenvolvendo um instigante filósofo argentino, Fabián Ludueña Romandini – o qual, diga-se de passagem, costuma destacar o quanto tem se beneficiado do contato com as pessoas e a cultura de nosso país –, sobretudo nos últimos volumes de seu projeto intitulado "Comunidade dos Espectros", isto é, o quarto, que vem de sair aqui, e o quinto, recentemente lançado em seu país.

A "nova religião", animada pelos avanços da Inteligência Artificial, vale lembrar, deve possivelmente a Alan Turing mais do que a qualquer outro as bases de seu desenvolvimento, e ele foi martirizado por conta de sua homossexualidade, sendo por ela condenado judicialmente à pena de castração química, o que teria provocado o desencanto causador de seu suicídio. O filme "Enigma – o Jogo da Imitação" retrata muito bem a história, sendo importante no diálogo final de Turing com uma antiga colaboradora a preocupação que demonstra com a discriminação que artefatos dotados de Inteligência Artificial poderiam vir a sofrer, semelhante à que ele sofreu, por não se saber reconhecer seu valor justamente no que diferem do padrão, para assim se poder estabelecer uma relação proveitosa para todos os envolvidos. Ele temia, portanto, o que poderia resultar da estupidez, que por supremo paradoxo, sendo tipicamente humana nos desumaniza, quando posta em contato com as potencialidades de uma técnica que não resulte em arte. É o que nos parece vem reivindicando aquele que possivelmente seja o mais destacado filósofo da (sociedade da) informação digital, Luciano Floridi, na figura do *homo poeticus*, um agente moral capaz de beneficiar a (e beneficiar-se da) infoesfera que nos envolve de maneira cada vez mais intensa. Vale destacar que para ele, "informação" não se reduz a dados, mas há de manter um vínculo com a verdade, e entendemos não só nas ciências, que de todo modo pelo menos desde as revoluções no paradigma da física contemporânea estão numa relação conflitiva com ela, mas antes naquele campo no qual a opção mesma pela ciência se dá, onde se situam a ética, a política, o direito, as artes e o que podemos chamar, em sentido mais amplo, de religião.

É por isso que penso se deva também destacar e louvar o verdadeiro combate que é aqui travado contra a estética da estupidez enquanto uma filosofia da aparência, do aparentemente belo, que é falso, logo, em favor do teor de verdade que se esconde por trás dessa aparência, verdade incômoda, mas que clama por ser revelada, desvelada, para lembrar o nome grego antigo para nomeá-la, *alethéia*. E é em nome dessa verdade distorcida pela estupidez que cabe estender o combate e o debate para as convicções religiosas, realizando uma "epistemologia da pistologia". Penso ser de suma importância e urgência mesmo que se estabeleça, como é feito no presente estudo, o debate público, democrático, sobre certas convicções religiosas que se mostram incompatíveis com a convivência respeitosa com as diferenças. Elas têm proliferado entre nós, em sinergia com o vírus da pandemia, provocando uma catástrofe humanitária em nosso país sem precedentes e ainda em curso. Afinal de contas, defende-se aqui que "democracia, em essência, caracteriza-se pela ausência de promessas finais", uma vez que "como processo, a democracia se iguala à ciência no que diz respeito ao conceito de verdade: não há promessa, só tentativa e erro em busca de um estágio sempre melhor que o antecedente". Nisso se mostra compatível com uma compreensão da verdade que, tal como a arte, "só está no momento final; no que a arte está para o homem assim como a verdade está para Deus: ambas exigem respeito aos meios – denominado, em arte, técnica e, em religião, caminho. Ambas só são elas mesmas, em sua essência integral, em todo seu esplendor e significado, depois de concluída a última etapa e, assim como o bem da arte só se descola do artista e pode ser compartilhado com os outros homens depois do movimento final, o bem da verdade só se revela de Deus e pode ser contemplado pelos homens depois do último suspiro".

Bem, isto posto e estando já recorrendo às palavras do próprio A., penso ser hora de passar o(a) leitor(a) a ele, sem mais delongas: que a leitura lhes seja no mínimo tão agradável e proveitosa como foi para mim. Deixo-lhes então na excelente companhia de quem "tem sido mais homem do que qualquer homem que depende do coletivo para ser homem".

São Paulo, 7 de setembro de 2021.

*Willis Santiago Guerra Filho*
Professor Titular do Centro de Ciências Jurídicas e Políticas da Universidade Federal do Estado do Rio de Janeiro (UNIRIO). Professor Permanente de Filosofia e Teoria Geral do Direito no Programa de Estudos Pós-Graduados em Direito da Pontifícia Universidade Católica de São Paulo (PUC-SP). Doutor em Ciência do Direito pela Universidade de Bielefeld, Alemanha. Doutor e Pós-Doutor em Filosofia pela Universidade Federal do Rio de Janeiro (UFRJ). Mestre em Direito, Doutor em Comunicação e Semiótica e em Psicologia Social/ Psicologia Política pela PUC-SP. Bacharel em Direito, Especialista em Filosofia e Livre Docente em Filosofia do Direito pela Universidade Federal do Ceará (UFC).

# SUMÁRIO

PRÓLOGO . . . . . . . . . . . . . . . . . . . . . . . . . . . . . . . . . . . . . . . . . 21

### PRIMEIRA PARTE
## DE ONDE VEIO

RAZÕES . . . . . . . . . . . . . . . . . . . . . . . . . . . . . . . . . . . . . . . . . . 29

Eu vou te contar que você não me CONHECE. E eu tenho que
gritar isso porque você está surdo e não me ouve . . . . . . . . . . 31

Ao fim de tudo você PERMANECE comigo, mas preso ao que eu
criei... e não a mim . . . . . . . . . . . . . . . . . . . . . . . . . . . . . . . . 32

E, quanto mais falo sobre a VERDADE INTEIRA, um abismo
maior nos separa . . . . . . . . . . . . . . . . . . . . . . . . . . . . . . . . . 36

Você não tem um NOME, eu tenho . . . . . . . . . . . . . . . . . . . . 41

Você é um rosto na MULTIDÃO e eu sou o centro das atenções 47

Entre eu e você existe a NOTÍCIA que nos separa . . . . . . . . . . 49

A mentira da aparência do que eu sou é A MENTIRA DA
APARÊNCIA do que você é . . . . . . . . . . . . . . . . . . . . . . . . . 56

*O que é a verdade?* . . . . . . . . . . . . . . . . . . . . . . . . . . . . . . . . . 57

*O que é a verdade?* . . . . . . . . . . . . . . . . . . . . . . . . . . . . . . . . . 59

O jogo perigoso que eu pratico aqui busca chegar ao limite
possível de aproximação através da aceitação da DISTÂNCIA
e do reconhecimento dela . . . . . . . . . . . . . . . . . . . . . . . . . . 70

SEGUNDA PARTE
## COMO VEIO

TEORIA PURA DA ESTUPIDEZ . . . . . . . . . . . . . . . . . . . . . . . . . . . . . 75
    Tabacaria . . . . . . . . . . . . . . . . . . . . . . . . . . . . . . . . . . . . 75
    Objeto e natureza . . . . . . . . . . . . . . . . . . . . . . . . . . . . . . 78
    Dinâmica . . . . . . . . . . . . . . . . . . . . . . . . . . . . . . . . . . . . 84
        *Insumo* . . . . . . . . . . . . . . . . . . . . . . . . . . . . . . . . . . 86
        *Defensivo* . . . . . . . . . . . . . . . . . . . . . . . . . . . . . . . . 89
        *Safra* . . . . . . . . . . . . . . . . . . . . . . . . . . . . . . . . . . . 90
    Estética da estupidez . . . . . . . . . . . . . . . . . . . . . . . . . . . 93
        *Impostura estética* . . . . . . . . . . . . . . . . . . . . . . . . . . 93
        *Filosofia da aparência* . . . . . . . . . . . . . . . . . . . . . . . 97
        *Estéticas da estupidez capitalista e comunista* . . . . . . . . . . . . . 115
    O estúpido coletivo . . . . . . . . . . . . . . . . . . . . . . . . . . . . 118

TERCEIRA PARTE
## ONDE CHEGOU

HOMOFOBIA EM CRISTO . . . . . . . . . . . . . . . . . . . . . . . . . . . . . . 125
    O bom Jesus e o terrível Cristo . . . . . . . . . . . . . . . . . . . . . . . 125
    Dois Paulos . . . . . . . . . . . . . . . . . . . . . . . . . . . . . . . . . . 133
        *O ataque a Paulo* . . . . . . . . . . . . . . . . . . . . . . . . . . . 133
        *O ataque de Paulo* . . . . . . . . . . . . . . . . . . . . . . . . . . 138
    Movimento Judangélico . . . . . . . . . . . . . . . . . . . . . . . . . . 153
    Homoerotismo para louvar de pé . . . . . . . . . . . . . . . . . . . . . 159
        *Amor de sogra* . . . . . . . . . . . . . . . . . . . . . . . . . . . . 160
        *Varões indomáveis.* . . . . . . . . . . . . . . . . . . . . . . . . . . 160
    Ide em paz . . . . . . . . . . . . . . . . . . . . . . . . . . . . . . . . . . 161
        *Considerações teológicas sobre a liberdade religiosa* . . . . . . . . . . 161
        *Considerações jurídicas sobre a liberdade religiosa* . . . . . . . . . . 164
        *Considerações filosófica e sociológica sobre a liberdade religiosa* 168
        *Hermenêutica da tolerância* . . . . . . . . . . . . . . . . . . . . . 169

QUARTA PARTE
## AONDE QUER CHEGAR

TODA ESTUPIDEZ SERÁ CASTIGADA . . . . . . . . . . . . . . . . . . . . . . 175
  Considerações jurídicas sobre a questão do racismo no Brasil . . . 176
    *Toda prática discriminatória e motivada por preconceito de*
      *qualquer espécie é racismo.* . . . . . . . . . . . . . . . . . . . . . . . . . . 178
    *"Quem ganhar ou quem perder, nem quem ganhar nem quem*
      *perder, vai ganhar ou perder; vai todo mundo perder"* . . . . . 181
    *Os militantes identitários estão para a diversidade da mesma*
      *maneira que os religiosos fanáticos estão para a liberdade.* . . 187
    *A humanidade rachadinha* . . . . . . . . . . . . . . . . . . . . . . . . . . . . 190
    *A cabeleira do Zezé.* . . . . . . . . . . . . . . . . . . . . . . . . . . . . . . . . 191
    *"Cacildes!"* . . . . . . . . . . . . . . . . . . . . . . . . . . . . . . . . . . . . . 193
    *Indigenismo indigesto* . . . . . . . . . . . . . . . . . . . . . . . . . . . . . . . 196
    *Valorizar as comunidades encarecendo a vida nelas* . . . . . . . . . 197
    *Quando um burro fala, o outro não tem lugar de fala* . . . . . . . . 198
    *Breve conclusão.* . . . . . . . . . . . . . . . . . . . . . . . . . . . . . . . . . . 199


QUINTA PARTE
## NO MEIO DO CAMINHO TINHA UMA PEDRA

ESSE HOMO . . . . . . . . . . . . . . . . . . . . . . . . . . . . . . . . . . . . . . . . . 203

*Debater com um idiota é perder de maneiras distintas e combinadas. Perde-se tempo. Perde-se a paciência. E se perde o debate propriamente, porque ele só entenderá argumentos idiotas — e, nesse quesito, o imbatível é ele, não você.*

REINALDO AZEVEDO

# PRÓLOGO

O presente ensaio é fruto do desencanto e do exercício de legítima defesa.

Ele vem à luz em decorrência do pesaroso reconhecimento da hegemonia da estupidez no mundo. É *ultima ratio* de que dispomos, em nossa insignificância, na arena do debate público dominado por vozes já credenciadas e firmadas em momentos menos venais – tempo em que não estávamos suficientemente seguros do necessário conhecimento para uma legítima e honesta contribuição (motivo bastante e suficiente para não pretendermos dele tomar parte) –, mas também por estúpidos desprovidos de qualquer conteúdo e qualidade para qualquer debate. Vozes alçadas à falsíssima, embora aparentemente legitimada, condição de autoridade para a discussão em decorrência de um estúpido carisma – aferido por identificação de estupidez –, através do domínio da oratória e da erística ou, ainda, pelo simples fato de serem de celebridades ou de meras *famosidades*, desde as aclamadas dentro de qualquer setor das artes até aquelas meramente conhecidas por motivos geralmente indignos ou em tudo indiferentes ao mérito acadêmico ou artístico (por beleza, por imposição dos meios da mídia tradicional, pela fama há muito esvaída ou pela sorte de tomarem parte em acontecimentos pontuais e marcantes – escândalos, extravagâncias ímpares, humilhações deliberadas ou não, além de consideráveis gafes ou situações cômicas registradas pelas lentes do humor – os quais recebem atenção do grande público e, até mesmo, de toda uma população).

Em nosso tempo de estudante, ouvia-se, com frequência, dos expoentes acadêmicos *à gauche*, deitados em indisputado berço esplêndido, as palavras de descrédito a doutrinas e autores liberais e conservadores. Se, porventura, eram mencionados, mesmo sem análise ou exposição integral, isso se dava para a composição de um quadro sinótico a fim de justificar o partidarismo do expoente, sua ideologia e moral própria. Quer dizer, uma estúpida cortesia, tendenciosa exceção à regra de descarte prévio da doutrina divergente. De tal modo que, se nós, sobreviventes dessa dieta acadêmica, tornamo-nos liberais ou conservadores, foi em razão exclusiva ou coincidente das seguintes situações: (*i*) nosso ressentimento daqueles mestres; e (*ii*) nossa autêntica reflexão acerca daquelas doutrinas impostas, às quais, por curiosidade e empresa próprias, contrapúnhamos as doutrinas então omitidas.

Porque o espírito acadêmico ideal se identifica com o método científico, nunca têm passagem, para as cabeças honestas e curiosas, dogmas e imposições doutrinárias. Porque o método científico é composto de tentativa e erro para que se possa colocar algum acerto em evidência provisória; todo aquele que não despreza a razão de ser do próprio intelecto nunca se contenta em aceitar, automaticamente, esse acerto nem se condena a passar uma vida debulhando tal acerto prestigiado e festejado como se não existisse nada além dele, com a crença de que o simples acesso a outras doutrinas representa a mordida amaldiçoada na maçã do Éden.

Bípedes senhores da natureza e dos próprios destinos têm curiosidade e motivação para, frente ao acerto trazido, recorrerem às premissas, checarem as tentativas e os erros (se realmente são erros; se não configuram abusiva manipulação) e, quando não satisfeitos, realizarem novas tentativas a fim de esgotarem todas as possiblidades. Porque nada é honesto nem justo fora da verdade ou da verossimilhança, sempre evitamos a defesa de qualquer tese sem antes percorrermos o caminho do diálogo com teses opostas e das aplicações em circunstâncias e realidades diversas.

# ESTÉTICA DA ESTUPIDEZ

Intelectuais, acadêmicos e cientistas honestos agem como o juiz justo: ouvem todas as partes contrapostas para, mesmo quando suas emoções lhes trazem qualquer pré-julgamento, renunciando a toda preconcepção, a tomada de decisão – sem que nenhum dos argumentos disponíveis seja negligenciado.

Hoje, com a ascensão política de um polo rival àquele que contaminava a Academia até então, um polo igualmente irascível, mas que justifica a sua diferenciação apenas trocando a cor do seu rótulo, reflete-se, nas fileiras universitárias, certa democratização no debate; o que não é suficiente, contudo, para a elevação do nível do conhecimento, já que se trata de um debate acadêmico apenas aparente, em razão de os dois polos estarem absolutamente fechados ao método científico, ou seja, porque os dois lados estão em disputa pela hegemonia dogmática de forma que ambos apenas embatem quando não estão a falar sozinhos. Os que se rotulam, por sua ignorância, como esquerda, ignoram e aviltam Smith; já aqueles que acreditam fazer parte da direita, que, incompreendida, passa a ser definida conforme a crença dos participantes (ferindo de morte o seu significado), ignoram ou travam guerra contra Marx.

Ao fim do dia, ambos, à esquerda e à direita, não leram (e talvez nunca o façam) nem Smith nem Marx. E, porque não o fazem, todo aquele que ousa ler o autor que é elevado à condição de mito ou de profeta pelo polo oposto é definido como inimigo; àquele que conhece os autores dos dois polos – para os quais são respectivamente mitos ou profetas (símbolos[1]) contrapostos da seguinte maneira: enquanto

---

[1] Em *Le pouvoir symbolique*, Pierre Bourdieu apresefgnta o símbolo como instrumento estruturado e estruturante de conhecimento e de comunicação, cujo poder é capaz de construir uma realidade que tende a estabelecer uma ordem gnosiológica – quer dizer, no campo da *teoria do conhecimento* – que atribui uma concepção homogênea do tempo, do espaço, do número e da causa, possibilitando a concordância entre as "inteligências". São, assim, instrumentos de integração social, pois tornam possíveis o consenso acerca do sentido do mundo social e a reprodução da ordem social através da integração moral. O símbolo, nesse sentido, é instrumento de dominação na medida que serve a

um autor é deus para um círculo e diabo ao outro, o outro autor é, inversamente, diabo do primeiro e deus do segundo – restará o ostracismo: nem tanto por se familiarizar com o outro, mas pela heresia de conhecer, de buscar a verdade e de pensar individualmente fora da coletividade despótica.

Assim, desde sempre acostumados com as consequências sociais da ousada autonomia não formatada (dominada), por termos sempre, em algum momento, renunciado a toda estupidez que eventualmente tenhamos defendido; por nos ser dada a graça do arsenal para a luta contra as trevas do pensamento e, o que é principal, do arrependimento; por toda estupidez que, em algum momento de carência, nos tenha seduzido; e, seguindo São Tomás de Aquino, por acreditarmos que nossa felicidade está em contemplar a verdade buscando-a – único propósito capaz de elevar a nossa vida acima do nível da farsa, o que requer considerável coragem por entregá-la à dignidade da tragédia –, renunciamos a estupidez como quem, na confirmação do batismo, renuncia o diabo.

Proscrevendo a máxima de Inês Pereira, desprezamos burro que nos carregue e enfrentamos cavalo que nos derrube – como temos sido derrubados constantemente pela mídia tradicional, nos meios acadêmicos, em movimentos políticos e entrevistas de emprego (estaríamos preocupados com teto e comida se dependêssemos deles); antes, pela sexualidade e, hoje, também pela opinião. Pela condição financeira conquistada e porque nos foi dada a divina graça de escapar dessa silenciosa e inelutável condenação à massificação que, parafraseando Baudrillard, está escondida por detrás da vã promessa de felicidade acoplada em qualquer publicidade, por menor que seja, para as Canárias, para os óleos essenciais ou qualquer outra necessidade desnecessária; decorre dessa sentença popular, à estupidez que não

---

interesses particulares que tendem a se apresentar como interesses universais, ou seja, comuns ao conjunto do grupo (*violência simbólica*). Na expressão de Weber, em *Wirtschaft und Gesellschaft*, o símbolo é instrumento para a *domesticação dos dominados*.

ousa dizer seu nome, o dever humanitário de desnudá-la e, a quem interessar, fazer bom uso da informação.

Essa razão, por si, revela a necessidade de advertirmos o leitor que pretende se aventurar em nossos pensamentos como se fosse Machado de Assis ao adentrar na cabeça do Cônego Matias: este ensaio faz jus ao velho ditado que aconselha não julgar um livro pela capa. Rogamos, assim, ao bom Deus que o leitor esteja percorrendo este prólogo antes de efetuar a aquisição deste volume. De qualquer maneira, para a sorte daquele que esteja nessa situação e para o azar de quem já o tenha em casa, reconhecemos que seu conteúdo, em algum momento da leitura, vai desagradar o leitor – provavelmente todo tipo de leitor; mas, se tivermos sorte, salvaremos aquele leitor desagradado por ser vítima inconsciente de qualquer estupidez mais leve.

O risco é alto, uma vez que nosso pensamento parte dos diálogos improváveis entre intelectuais distantes no tempo, no plano e no pensamento. Logo, quem se dispõe a nós não deve se assustar ao encontrar, conversando em um canto da sala, Popper e Badiou, que poderão, ainda, tomar parte em um debate simultâneo entre Dawkins e Chesterton e no qual, ignorando as constantes interrupções de Nietzsche a andar pelo cômodo falando consigo mesmo, analisam Platão e Hegel enquanto Steiner se diverte com os causos de Rodrigues. Aos que, por concordância ou elevação, sentirem algum deleite, mesmo que mínimo, ao percorrerem nossa exposição, ficaremos felizes com a vossa amizade. Aos que não compreenderem nada do texto, agradeceremos se encararem o fato com o mesmo mistério que ronda a enigmática Geni de Chico... Talvez possa ser usado, no todo ou em parte, pertinentemente ou fora do contexto até, quando vislumbrarem a ameaça de algum zepelim gigante.

Por derradeiro, àqueles que se revoltarem, e serão muitos, segundo a nossa turbulenta vivência, lamentaremos pelo dinheiro mal-empregado, pelo infeliz presente ou pela piada de mau gosto (gosto definido a partir do peculiar juízo estético e capacidade intelectual do leitor contrariado, é claro). Lamentaremos, nada mais. Afinal, *dormientibus non sucurrit jus* é uma verdade patente há dois milênios. E, se Direito nenhum socorre aos que dormem, ficam o lamento e a lição para não gerarem qualquer expectativa a respeito de quem não se conhece.

Por último, lamentamos por nós que nos colocamos na ridícula possibilidade de sermos *cancelados* em virtude do que vamos expor – já que, como em uma versão bastante piorada do Doutor Euriclydes Zerbini, realizaremos nosso primeiro transplante de coração sem submeter, antes do ato, o paciente à anestesia.

Por mais esdrúxula que seja a hipótese do *cancelamento* aos olhos da razão, é mais esdrúxula ainda a realidade que, há tempos, *cancelou* a virtude da racionalidade. Ora, por qual razão são as empresas do Vale do Silício avaliadas com cifras que John Paul Getty jamais ousou sonhar? Elas criaram uma nova religião mundial repetindo o feito histórico único de Paulo de Tarso com uma ligeira inversão: se a genialidade deste foi subverter a lógica para atingir a universalidade, nossas potências tecnológicas universalizaram a lógica da subversão.

Certos de que nossa nudez será castigada por castigarmos toda estupidez, fazemos nosso *mea culpa*, porque, deliberadamente, ignoramos a sábia advertência de Robert Musil e rasgamos os mandamentos da falsa modéstia e da estupidez simulada necessários para alguma penetração e qualquer aceitação de nosso discurso ao grande público. Retomando a mesma Geni – a já mencionada Geni de Chico que, assim utilizada como mictório público, tornar-se-á aquela de Nelson – agimos, ao contrário dela, de modo muito mais incauto: mesmo sem nenhum pedido, *sinceros e tão sentidos*, revelamos nosso asco... Como quem dá-se ao carrasco.

Por último, repetindo a máxima jamais dita por um César que Brasília jamais teve: *A jaca está lançada!*

PRIMEIRA PARTE

# DE ONDE VEIO

# RAZÕES

No meio do outono do segundo ano da peste do Terceiro Milênio da era de Nosso Senhor Jesus Cristo, três circunstâncias nos prendiam.

Ainda pesava, sobre nós, a pena perpétua de tratar a sexualidade fora da ideologia. Como cães sem dono, em matéria de sexualidade (que estava confundida com uma ideologia), nos empurravam para a ideologia oposta que, em matéria de rivalidade, nos empurrava de volta para a sexualidade. Depois, pesava sobre nós o fato de, cansados de sermos empurrados, termos passado a empurrar as duas ideologias rivais, tratando-as como se deve tratar uma doença – embora sejam apenas expressões concorrentes da mesma forma de estupidez em sua luta pela hegemonia –, quer dizer, chamando-as pelo nome e as descrevendo como de fato elas são. Por fim, a circunstância do isolamento social, em virtude da surpreendente pandemia que nos assola, desfez muitos sonhos e escancarou nossa condição humana, demasiadamente humana, que é a de reles mortais de eterna expectativa (inclusive quanto à eternidade). Essa circunstância serviu como a grande luz que fez Paulo de Tarso cair por terra.

Atordoados, então, com a morte sentada no trono do nosso apartamento com a boca escancarada cheia de dentes; revoltados com a efemeridade da vida que aprendemos a viver bem apesar das reações estúpidas por ostentarmos nossa sexualidade e racionalidade, recebemos, em uma noite de domingo, a graça de sistematizarmos nosso pensamento construído ao longo de décadas através de inimagináveis horas-leitura da nossa vida.

O ataque a um homossexual por um sacerdote tosco, "justificado" por um sacerdote hierarquicamente superior e ainda mais tosco, mas de projeção nacional, e aplaudido por um rebanho absolutamente tosco que cresce exponencialmente e ameaça a concretização de direitos e garantias fundamentais – fato que se comprovou por um acontecimento simultâneo: a votação de um projeto de lei criminoso contra homossexuais no Estado de São Paulo –, reuniu, em nós, formando uma profaníssima trindade, as duas circunstâncias de estupidez que nos perseguem como sombra, quais sejam, aquelas que acusam nossa sexualidade e nossas escolhas políticas, mais a circunstância da efemeridade.

Como os discípulos em Pentecostes, estávamos reunidos em um só lugar quando, de repente, veio do céu uma luz que encheu toda nossa casa. Essa luz que ardia como fogo nos encheu de indignação e começamos a falar em outras línguas, como o grego de Platão e de Paulo de Tarso; o latim de Ulpiano, de Santo Agostinho e São Tomás; o italiano de Pasolini; o francês de Molière, Bourdieu, Badiou e de Foucault; o inglês de Chesterton, Popper, Dawkins, Scruton e Steiner; o alemão de Kant, Hegel, Nietzsche, Musil, Jaspers e Ratzinger; e até o russo de Berdiaev. Nosso português, inclusive, mudava de Machado em Pessoa.

No fim, ouvimos uma voz que nos dizia: "Por que não me defendeis?".

Vindo ter conosco, fez ecoar em nós, deixando tudo tão claro como a luz mais límpida, a voz de Hilel, o Ancião (avô de Gamaliel, que foi mestre de Paulo de Tarso, que fundou o cristianismo que prega a vida, mas que se degenera no retrato do sacerdote tosco da modernidade que deseja a nossa morte): *Se não somos para nós mesmos, quem será por nós? E se nós somos só para nós, o que somos? Se não agora, quando?*

E, vendo tudo quanto tínhamos feito, escrevemos o presente ensaio em sete dias (sem direito, contudo, a nenhum descanso).

## Eu vou te contar que você não me CONHECE. E eu tenho que gritar isso porque você está surdo e não me ouve[2]

Em 2015, faleceu o Doutor Ruy Laurenti. Ele foi professor da Faculdade de Saúde Pública da Universidade de São Paulo (USP). Conceituado médico, também foi diretor da seção brasileira da Organização Mundial de Saúde (OMS) para a *Classificação Estatística Internacional de Doenças e Problemas Relacionados à Saúde*, um relatório conhecido pela sigla CID.

Nascemos em novembro de 1984. No mês anterior, outubro, o renomado médico escreveu um polêmico artigo na toada de um movimento internacional também nascente que propunha o fim do *homossexualismo* como doença e a sua necessária exclusão da CID, o que aconteceu cinco anos e meio depois, em maio de 1990. Isso quer dizer que nascemos vítimas de uma doença, bem como que, aos seis anos de idade, já não mais éramos doentes. Continuávamos, porém, vítimas do preconceito.

De qualquer forma, nos domínios da ciência, foi superada e descartada a definição de *homossexualismo* que, reconhecidas ao homossexual as mais plenas normalidade, vitalidade e saúde (tanto a fisicamente orgânica quanto a mental), foi substituída pela nomenclatura homossexualidade, aniquilando uma doença que não mais pode ser diagnosticada, a não ser a título de farsa, como no molieresco diagnóstico do mutismo de Lucinde em *Le médecin malgré lui* (1666). "*A filha de Géronte não fala porque está muda*", diria Sganarelle, lenhador glutão e alcóolatra que se faz passar por médico inventando palavras toscas de um latim que não entende – da mesma forma que muitos sacerdotes, ainda hoje, falam de escrituras que não compreendem.

Essa cura por erro de diagnóstico pela inexistência da doença, cura que não faz passar a dor, é bastante conhecida pelas mulheres

---

[2] Excerto do poema mais célebre de **Fauzi Arap**, especialmente escrito para o álbum *Pássaro da Manhã* (1977) de Maria Bethânia.

brasileiras casadas que viveram a década de 1960. No caso delas, a cura foi operada mediante alteração da lei civil – o chamado *Estatuto da Mulher Casada*, de 1962, que retirou dessa mulher a marca da relativa incapacidade de agir, um estado jurídico que se aplica àqueles despossuídos de pleno juízo mental. Ao invés do psiquiatra, coube ao legislador "dar alta" à mulher casada que, assim, deixou de padecer daquilo que, até então, chamavam de *propter sexus infirmitatem et forensium rerum ignorantium*, uma classificação que, desde 1922, um dos maiores juristas que este país já teve, o Professor Vicente Rao, já reputava como vergonhosa.

Antepassadas da "cura" do homossexual, tais "enfermidade e igno-rância próprias do sexo feminino" deixaram de existir como que num passe de mágica, ou melhor, como quando o mágico se vê obrigado a abandonar o velho ilusionismo depois de vergonhosa e irreversível descoberta do truque. Mas não deixou de existir o preconceito.

E, porque o anti-intelectual é univitelino do anticientífico, mente interrompida por afogamento na placenta do preconceito, três décadas depois, nós, homossexuais, nos deparamos com a notícia de que médi-cos e psicólogos, sob a bênção de sacerdotes e a proteção de juízes, profissionais muitas vezes do sexo feminino, aplaudidos até mesmo por homossexuais política ou religiosamente motivados, voltam a ignorar a homossexualidade e a insistir na "cura" do *homossexualismo*.


## Ao fim de tudo você PERMANECE comigo, mas preso ao que eu criei... e não a mim[3]

À porta da Idade Média, no século 4, muitos acreditam que os cristãos deixaram de ser perseguidos por conta de o cristianismo ter sido adotado como religião do Império Romano por Constantino. Nada mais equivocado: com o fim da perseguição dos cristãos, a perseguição dos cristãos continuou. Afinal, há cristão e cristãos.

---

[3] *Ibidem.*

## ESTÉTICA DA ESTUPIDEZ

Findo o Concílio de Niceia, presidido por aquele imperador no ano de 365, dentre os muitos evangelhos existentes, somente quatro foram *escolhidos* para compor a ortodoxia oficial que estaria sob sua graça e proteção. Além dessas escolhas, uma determinação imperial obrigou que fossem entregues, por todos aqueles que eventualmente os possuíssem, os escritos não escolhidos – heréticos portanto (lembrando-vos que a palavra *heresia* vem do grego, αἵρεση (*hairêsis*), e tem o significado banal de *escolha*) – para que fossem queimados, sob a pena de serem queimados também os seus possuidores.

A partir daí, dois exemplos da "compaixão" cristã mostram algo que soaria justo a boa parcela da cristandade ainda hoje: (*i*) em Cartago, cristãos encarcerados, aguardando a pena de morte, morriam mais cedo de fome e de sede, porque, mesmo sendo fornecidas água e comida pelo Império, cristãos revoltados com a vida desses cristãos heréticos impediam a chegada desses insumos vitais; e (*ii*) em Alexandria, um bispo cristão, preso junto de outros cristãos por cristãos, levantou uma divisória em sua cela com um cobertor para não se misturar com aqueles cristãos. Se nem em Cristo se desfez o preconceito entre aqueles que Nele tinham fé, por que teríamos fé no sucesso da evolução científica em dissolver esse vício desgraçado humano, demasiadamente humano?

Afinal, Locke já alertava para o fato de a liberdade religiosa ser um direito concedido àqueles que, se pudessem, negariam essa liberdade aos demais, de tal forma que Pufendorf, em clássica lição, assinalasse a imprescindibilidade da atenção governamental a todas as religiões existentes dentro do território do Estado.

A involução dos entusiastas da "cura" homossexual é embalada pela mesma canção daqueles que, contemporaneamente a eles, passaram a requerer o direito de pensar e ensinar que a Terra é plana. Esses dois tipos de pensamento revelam nos sujeitos adeptos um atavismo daqueles cristãos do século 4 de tal modo que, estúpida e voluntariamente, dividem a espécie do *homo sapiens*; provocam a divisão da raça em duas "raças" intelectuais: ao lado do *homem que sabe que sabe* – e que, como reflexo de saber aquilo que sabe, é intelectualmente capaz de reconhecer o que não sabe –, colocam-se como o *homem que acha sabe até o que não lhe é possível saber.* Deveras atávicos especialmente porque são cristãos de novas matrizes que, nestes nossos dias, acusam de fraqueza os cristãos herdeiros daquela ortodoxia imperial, como se quisessem fazer reviver, sob o domínio de um espírito santo que não frequenta mais a missa, os tempos da Idade Média.

Esse inesperado reflexo da estupidez em uma era tecnologicamente exuberante, mas intelectualmente miserável, pode nos remeter, sem nenhuma histeria ou alarmismo gratuitos, a uma Nova Idade Média – a despeito das reveladoras teses de grandes historiadores (com destaque para o brilhante trabalho de Christopher Dawson) que comprovam ser esse período da História o celeiro de todas as tecnologias necessárias para o advento da Revolução Industrial, bem como o berço do sistema escolar e das Universidades, além do desenvolvimento dos hospitais por toda a Europa; tudo a comprovar que, graças à Igreja Romana, a Idade das Trevas foi, na realidade, uma era de luzes (luzes que, seletivamente, se apagavam para as heresias) –, processo involutivo precocemente levantado por Berdyaev já na primeira metade do século passado.

Crendo que a periodicidade e o ritmo são próprios a toda forma de vida, para o filósofo cristão russo (expulso de seu país natal no ano da ascensão de Stalin, 1922), ocorre com as épocas da história algo semelhante ao que acontece na natureza, ou seja, uma sucessão rítmica de tipos diversos de cultura, como que em um fluxo perpétuo de soerguimentos e esmorecimentos. Acreditando viver em um tempo histórico de transição, Berdyaev propunha a alternância entre *épocas orgânicas e épocas críticas; épocas diurnas e noturnas, sacras e seculares.*

Não se pode negar que a transição do século 19 para o 20 foi um período histórico notável, berçário que foi das maiores mentes da humanidade – para o bem e para o mal. Conta, ainda, em favor do pensamento que reproduzimos o fato de ter sido elaborado em 1924 (in *The End Of Our Time*). Como que prevendo, com uma década de antecedência, o episódio mais macabro da História, constatou que o fim de seu tempo e o simultâneo despertar de um mundo novo nascia, para uns, a partir da *revolução* e, para outros, da *reação* – o que não faz diferença, pois a revolução e a reação se entremisturam de maneira tal que já não se distinguem. Berdyaev anunciava, por fim, a tragédia, qualificando sua época como o fim dos tempos modernos e o começo de uma nova Idade Média.[4]

A ideia desse ciclo de eras descrito por Berdyaev é trazida para o Direito por Jean Carbonnier que, ao discorrer sobre o Direito público, apresenta um argumento comum segundo o qual "a ditadura, ao enfraquecer, dá lugar à democracia que, degenerando em anarquia, implica de novo a ditadura"[5]. De fato, o sociólogo jurídico francês também compreende que as evoluções legislativas ocorrem, a exemplo de todas as transformações sociais, de maneira gradual, "que está de acordo com uma explicação biológica do fenómeno"; de forma que:

> através do jogo dos nascimentos e das mortes a sociedade renova-se um pouco todos os dias e, simultaneamente, também muda o sistema jurídico de que ela é o suporte, dado que os indivíduos, sujeitos ou agentes do direito que chegam à idade adulta não podem ter precisamente a mesma sensibilidade nem as mesmas aspirações do que os que os tinham precedido, quer reajam de modo diverso ao direito, quer o criem diferentemente.[6]

Acolhidas as advertências, apesar dos sinais dos estúpidos reunidos nas redes sociais – e, se vivemos no tempo do despertar de um novo ciclo de escuridão, não sabemos ao certo, muito embora os insistentes sinais nos causem incômoda e justa suspeita –, é certo que, contudo, enquanto a razão não for rebaixada à conjectura demencial ou cínica, no pressentimento da noite, a melhor coisa que temos a fazer é seguir

---

[4] BERDYAEV, Nicolai Alexandrovich. *Uma nova idade média*. Trad. Jefferson Bombachim e Luiz Cezar de Araújo. Curitiba: Arcádia, 2017.

[5] CARBONNIER, Jean. *Sociologia jurídica*. Trad. Diogo Leite de Campos. Coimbra: Almedina, 1979, p. 240.

[6] *Ibidem*, p. 241.

a sugestão dada, mas ignorada, pelo filósofo a seus contemporâneos e nos armarmos espiritualmente para a luta contra o mal, aguçarmos nossa faculdade de discernir e, assim, prepararmos nossa cavalaria.

## E, quanto mais falo sobre a VERDADE INTEIRA, um abismo maior nos separa[7]

Na falta de deformidades, deficiências ou dores – fatores exclusivos para a orientação médico-científica até a afirmação da Psiquiatria como ramo de especialidade, na segunda metade do século 20 –, o século 18 investiu em um saber pseudocientífico que, somente depois de mais de dois séculos, tornar-se-ia a Psiquiatria. Esse saber atendia a pretensão de um controle "iluminado" da normalidade socialmente aceita pela moralidade estabelecida – normalidade que, hoje, buscam estabelecer por escrutínio, como sendo aquilo que mais gera engajamento nas redes sociais.

Nesse contexto revolucionário, o homossexual é retirado das garras do demônio e enviado aos domínios da insânia (*habitat* no qual um dos grandes doutrinadores do Direito Civil nacional, o Professor Washington de Barros Monteiro, insistia em mantê-los até sua morte, em 1999). É nessa cartilha psiquiátrica caduca e puramente moral que rezam os partidários da "cura" *gay*; para os quais o homossexual ainda é louco, já que, em seu saber retrógrado de quem se recusa a estudar, a loucura estará para todo sempre em todos aqueles que se afastarem das preferências votadas pela maioria, que são, arbitrária, estúpida e irracionalmente, confundidas com a razão.

Em termos outros, todo aquele que, mesmo vivendo honestamente e sem lesar ninguém, ousa pensar e agir de modo autônomo e, portanto, livre, deve ser combatido, pois não deve existir nenhum exemplo capaz de gerar um risco de individualidade (que, se exercida

---

[7] Excerto do poema mais célebre de **Fauzi Arap**, especialmente escrito para o álbum *Pássaro da Manhã* (1977) de Maria Bethânia.

responsavelmente, nunca se confunde com egoísmo; na medida em que só uma individualidade solidária pode garantir a permanência da individualidade de todos) e de independência dos demais que se submetem aos desígnios da coletividade manipulada. Por praticidade e pseudocientificidade deve ser declarado, assim, louco!

Afinal, diria Michel Foucault, em *Histoire de la folie*, a loucura é fascinante... Ela fascina porque é um saber difícil, fechado, esotérico, um saber tão inacessível e temível que o louco o detém em sua parvoíce inocente, carregando-o por inteiro em uma esfera intacta, uma bola de cristal que, para todos nós, homens pretensamente racionais e sábios, está vazia, mas que, aos olhos do louco, está cheia de um saber invisível; um saber proibido que poderia anunciar, ao mesmo tempo, o reino de Satã e o fim do mundo; a última felicidade e o castigo supremo.

Para esses doutores nada doutos, que ainda recorrem às sanguessugas, nós ainda somos loucos. Mesmo sem dor, deformidade ou deficiência, mesmo sem rasgar dinheiro ou comer nossos excrementos (tão valorizados pela *estuppigentsia* patriótica), o nosso estado mental patológico para eles se confirmaria pelo simples fato de discordarmos e relutarmos ao que se pretende impor por conta da simplória constatação de que o louco, por ser louco, não reconhece a sua loucura, uma vez que é vítima da firme persuasão de estar obedecendo a razão. "Ora", afirmam tais moralistas escondidos atrás de um diploma imoral misturando conceitos para confundir e convencer a plateia de estúpidos, "como o louco não pode ser louco para si, cabe a nós, doutores sem tese, distinguir o exercício da razão da própria razão". Ignoram os ignorantes (e de que outra maneira eles poderiam agir?) que a loucura só começou a ser desvendada com propriedade pela Psiquiatria, cuja sedimentação definitiva como uma ciência médica, uma ciência propriamente dita, não vem de longe, tendo ocorrido, apenas em época relativamente recente, a concessão do *status* de doença mental à loucura.

Para que passasse a existir como saber médico fundamentado e justificável, a Psiquiatria teve que proceder a duas codificações simultâneas: (*i*) codificar a loucura como doença, tornando patológicos os distúrbios, os erros, as ilusões da loucura, bem como procedendo a análises que aproximam o mais possível essa higiene pública (ou essa precaução social que ela era encarregada de garantir) do saber médico; e (*ii*) codificar a loucura como perigo, isto é, fazer da loucura uma entidade nosológica portadora de certo número de perigos.

Portanto, do fim do século 18, quando se constituiu o saber proto-psiquiátrico, até tarde do século 19, ele não se especificou como um ramo da medicina e nem funcionou como uma especialização médica, mas, antes, como um ramo especializado da higiene pública (tanto que a primeira revista "especializada" em "psiquiatria" foi a francesa *Annales d´hygiène publique*), servindo o conceito da alienação mental quase que exclusivamente como instrumento de medida ao poder vigente. Seria cômico, se não fosse trágico, o fato de essa psiquiatria ser inventada no mesmo tempo da guilhotina, o que sugere o duplo sentido, literal e figurado, da expressão "perder a cabeça". Convenientemente e à sua maneira, perdem a cabeça os loucos e os inimigos da Revolução.

No embalo das "luzes", às casas de internação interessava a aparência de certo caráter médico, muito embora não tenham sido abandonadas práticas bastante antigas dentro dos muros de isolamento, e onde reinou um regime moral único com a total impossibilidade de alguém saber se os internos eram, de fato, doentes. Realmente, dentre os loucos, talvez o número dos mentalmente desgovernados tenha sido muito menor do que o de inválidos pobres, velhos na miséria, mendigos, desempregados, portadores de doenças venéreas, libertinos, pessoas a quem a família ou o poder real querem evitar um castigo público, sujeitos pródigos, agitadores e eclesiásticos incontroláveis. Foi facilmente resolvida, então, a questão dos indesejados através de um diagnóstico pautado apenas pelo juízo moral; juízo que, simplesmente, operou uma divisão ética arbitrária entre razão e loucura e, por tal motivo, entregou um conceito à época.

Àqueles que tiverem curiosidade e quiserem se aventurar nos escritos do século 19, uma ideia bastante completa do que afirmamos

ESTÉTICA DA ESTUPIDEZ

encontra-se especialmente na obra de Jean-Étienne Esquirol, o discípulo mais ilustre que superou, em prestígio e influência, o Mestre Philippe Pinel, cuja ideia de terapia, por sua vez, se define como *a arte de subjugar e de domar o alienado, pondo-o na estreita dependência de um homem que, por suas qualidades físicas e morais, seja capaz de exercer sobre ele um império irresistível e de mudar a corrente viciosa das suas ideias.*[8]

Mas esse conceito, não poderia ser diferente, está absoluta e integralmente divorciado das atuais definições médicas – e até mesmo jurídicas – da loucura. Todas as noções pseudocientíficas que caracterizaram todo o século 19 e alcançaram a metade do século 20, mesmo em suas épocas, geraram revolta nos cérebros mais destacados. A literatura machadiana é marcante quanto a esse despertar para a razão em nosso país. Um de seus contos mais festejados, *O Alienista*, publicado como folhetim em 1881, foi um duro protesto contra a criação da cadeira de Clínica Psiquiátrica no Brasil: a questão do assalto arbitrário da razão já se revelava no nome do protagonista, Simão Bacamarte, dado que bacamarte é uma grande espingarda do final do século 18, arma bastante pesada pelo chumbo grosso que leva como munição.

Foi somente na década de 1950 que a Psiquiatria foi alçada à esfera da ciência médica propriamente dita, através da descoberta farmacológica dos neurolépticos e antidepressivos, pois foi conhecendo os efeitos de tais medicações que se pôde estudar as causas das doenças psiquiátricas. Como qualquer estúpido pode perceber, o caminho da evolução científica foi longo e doloroso, motivo pelo qual não podemos tolerar a intolerância e devemos cuidar para que um retrocesso científico não seja a porta de entrada para uma nova Idade Média, pois, alijada a razão, nada impede que se discuta sobre uma nova rodada histórica de direitos como a escravidão ou acerca de *hipóteses justas* para o extermínio de qualquer minoria.

---

[8] PINEL, Philippe. *Traité médico-philosophique sur l'aliénation mentale.* 2. ed. Paris: Chez J. Ant. Brosson, 1809, p. 204.

Diante do reconhecimento do fato de que a homossexualidade nunca foi doença, a continuidade do preconceito revela a permanência de uma moral estúpida e atávica, que apresenta sérias dificuldades para acompanhar a evolução da ciência, verdadeira razão prática e acessível da humanidade. Importa alertar, nesse sentido, sobre o risco decorrente do não banimento de quaisquer outros absurdos ou desumanidades, existindo, ainda, "pensadores", políticos, profissionais da saúde e operadores do Direito, estúpidos de toda sorte que, como os antigos alienistas, não conseguem se descolar dos religiosos e acreditam possuir uma espécie de mandato divino para uma delirante missão imaginária do controle de uma moral autoritária nascida por maioria de votos.

Por derradeiro, mesmo que não tivéssemos à mão as mais sérias conclusões da ciência médica acerca da matéria, porque nos é dado pensar e porque temos o hábito de parar para pensar, um simples exercício de raciocínio seria suficiente para, no campo da teoria do conhecimento, calar a estupidez: normalmente, ninguém vai ao médico por se sentir bem ou estar feliz, por constatar que a pele está perfeita e que o vigor físico não lhe falta. A doença, nos domínios da razão científica, lugar onde ela sempre deve estar e do qual nunca deveria ter saído, é somente aquilo que abala a saúde dos seres viventes e, por essa razão, traz sempre um viés biológico negativo, fenotípica, genotípica ou intelectualmente falando. Viés biológico é um critério vital e não social – por isso é que se pode dizer, de maneira até grosseira, que todo aquele que para em pé e sabe se defender não é anormal nem doente.

Muito mais prejudicial e nociva é a estupidez que, se não é perturbação das plenas faculdades mentais do ser, revela uma séria e preocupante negação do intelecto. Ao passo que a homossexualidade não faz mal nem para o sujeito homossexual tampouco para qualquer pessoa do seu convívio social, o mesmo não acontece com a estupidez que, insistimos, se não é doença, tem a mesma marca identitária fundamental da doença: é nociva e contagiosa; fatalmente faz mal não só para o estúpido, vitimando também quem não é – convivendo ou não com ele socialmente.

## Você não tem um NOME, eu tenho[9]

Analisando as ações e as declarações estúpidas que tomam conta do noticiário mundial, é interessante notar que a estupidez nunca se manifesta de maneira isolada: ela sempre se apresenta com um respaldo coletivo entre estúpidos de estupidez semelhante que, comumente, viveriam como sujeitos isolados socialmente ou, quando hábeis no disfarce dos sentimentos reprimidos, seriam maníacos que alimentam silenciosamente seu ressentimento a ponto de planejarem chegar às vias de fato em toda oportunidade que julgassem presentes as condições que lhes garantam anonimato ou impunidade.

A grande maioria dos estúpidos encontrou no fenômeno das redes uma condição de anonimato relativa, bem como foi encorajada a extravasar sua estupidez desde já com o suporte solidário e recíproco de outros estúpidos. Toda temática social viu-se dividida e posta no cardápio das discussões em rede e os entusiastas de posições que se contrariam se fecharam em cada uma das posições como que em uma irmandade futebolística, onde a violência, no mínimo a verbal, é a regra para ação dos estúpidos que, longe de reconhecerem suas responsabilidades legalmente estabelecidas, acreditam que os direitos das liberdades constitucionais, especialmente aqueles que marcam as liberdades de expressão e as religiosas, garantem que as ordens legal, jurisdicional e social possam ser subvertidas ao seu bel-prazer. Convém destacarmos, contudo, que essa conclusão não nasce por obra do pensar autônomo, engenho astucioso que o estúpido médio não tem.

Especialmente em um meio em que a educação cívica e a instrução formal são ridiculamente pífias, a manipulação tosca de premissas válidas, mas incorreta e maliciosamente reunidas a fim de criar um sentido contextual aparente ou precário que seja de fácil processamento para um intelecto tosco – que se sentirá saciado como nunca foi

---

[9] Excerto do poema mais célebre de **Fauzi Arap**, especialmente escrito para o álbum *Pássaro da Manhã* (1977) de Maria Bethânia.

e, desse modo, liberto ou, a depender do grau de estupidez, compelido a cometer qualquer ato ilícito preso em sua garganta – é fruto ardiloso de uma inteligência superior disposta a manipular uma coletividade a fim de ver triunfar sua própria estupidez (por vaidade, vingança, simples ressentimento, preconceito ou qualquer espécie de estupidez aplicada) engenhosa e enganadoramente disfarçada como razão.

Ao mesmo tempo que se aproveita da profunda ignorância jurídica dos deveres e das responsabilidades da massa de estúpidos, do seu primário desconhecimento básico do limite fundamental de todo e qualquer direito – inclusive daqueles inseridos no texto constitucional –, qual seja, de que nenhum direito pode ser invocado para prejudicar o direito de qualquer outra pessoa, essa inteligência abusiva é recompensada. Como bons covardes que só encontram coragem para se manifestar em bando, os estúpidos também são muito vaidosos e não aceitam ridicularização. Assim, se o diferencial que caracteriza a grei não for a força física para a intimidação ou para as vias de fato (elemento que, por si, sacia a vaidade dos covardes), ela dificilmente se sentirá segura, mesmo que na cumplicidade coletiva, para qualquer tipo de manifestação. Como o estúpido médio é tosco demais para qualquer batalha que não seja a física, sem o requisito da força, ele precisa estar inserido em um grupo guiado por alguma autoridade intelectual que lhe dê motivos bastantes para que sua estupidez faça o sentido que não tem. A estupidez temática, principalmente a opinativa, tem uma necessidade insuperável de um guru.

E, assim, cada grupamento temático de estúpidos – círculos que podem se inserir em outros círculos de forma concêntrica ou secante – reconhece suas próprias autoridades. Esses líderes, legitimados através de um procedimento peculiar, mas comum ao longo da história, quase nunca coincidem com expoentes intelectuais acadêmicos, embora tais expoentes acadêmicos possam ser alçados à liderança de um círculo de estupidez ao manipular teses ou, ainda, quando permanecem estáticos e saem do debate científico a fim de evitar que eventuais mudanças de parâmetros ou premissas, que serão categoricamente ignoradas ou aprioristicamente negadas, abalem as conclusões de seu

ESTÉTICA DA ESTUPIDEZ

trabalho, ainda que este tenha recebido a chancela da razão científica em determinado momento.

Qualquer tese, mesmo no decorrer de sua chancela científica, nunca poderá ser considerada definitiva, pois nenhuma ciência pode pretender, por essencial conceito, ter alcançado a verdade absoluta e imutável. Dentro do quadro evolutivo no qual se insere a ciência, dizer que a conclusão mais apurada do momento presente tem o valor de verdade última é o mesmo que decretar o fim da ciência, pois a verdade científica, na esteira do pensamento de Karl Popper, equivale ao processo; e não ao resultado. Falar em ciência é falar em método científico e, por mais verossímil que seja a conclusão presente quando comparada com a anterior, devemos lembrar que esta (a conclusão anterior) também foi, em seu tempo, mais pertinente que uma anterior a ela e, assim, sucessivamente. Isso é dizer que cada conclusão última da ciência deve ser sempre e invariavelmente tratada pela própria ciência com desconfiança e abertura para uma conclusão mais satisfatória por mais sentido lógico que ela faça. O intelectual ou acadêmico que nega abertura para conclusões futuras e diversas sai, portanto, do campo da ciência, pois dogmatiza uma conclusão que, conforme o método científico, é sempre uma hipótese em aberto.

A física moderna fornece um exemplo claro o suficiente para que não se incorra no erro do dogmatismo científico: o episódio da reação desdenhosa frente à revisão dos conceitos de espaço e tempo da teoria de Isaac Newton levada a cabo por Albert Einstein. Dependesse o Gênio do ambiente político-acadêmico alemão da época e não conseguisse recursos para financiar uma expedição científica com o que havia de mais tecnológico (e caro) naquele tempo, o progresso seria interrompido e o avanço tecnológico teria, no mínimo, demorado muito mais.

Se as conclusões científicas são usadas para o bem ou para o mal, essa opção é uma questão particular e política, porque a ciência genuína é impessoal e apartidária. Voltando a Einstein, suas hipóteses conferiram condições para a construção da bomba atômica mesmo sendo ele um pacifista diametralmente contrário a tal empreendimento. Disso decorre que uma característica inevitável da ciência é a potencialidade que ela tem para decepcionar o cientista.

Descartada a ideia fundamental de processo – tentativa e erro –, se retirada a possibilidade do descarte ou da substituição das conclusões postas, a ciência se aniquila. Qualquer cientista encantado com a sua própria personalidade ou seduzido por ideologias e partidarismos de modo a contaminar o método ou falsear resultados, portanto, deixa de ser cientista. Dogmatizando entendimentos ou manipulando-os a medida de interesses não científicos, exclui-se dos domínios da razão e passa para o campo da crença.

Já no campo da crença, as credenciais científicas ou acadêmicas que o precedem aumentam as suas chances de vir a liderar a horda de *crentes científicos*. Emprestamos, a despeito de incorrermos em patente impropriedade semântica, o predicado *científico* a tais crentes porque, uma vez legitimada a autoridade intelectual em algum expoente, acadêmico ou não, que deixou de ser (por dogmatismo de conclusão) ou se faz passar (por manipulação dos parâmetros e premissas para que sempre possa extrair a mesma conclusão) por cientista, tal "pensador" empresta aparência científica à crença.

Nisso consiste o processo de legitimação da autoridade intelectual e da liderança dos estúpidos: apresentar, de maneira compreensível, mas não necessariamente correta, uma argumentação de fácil replicação que una elementos básicos da experiência sensorial do *homem médio* de acordo com suas memórias afetivas, sentimentos e anseios comuns da época em que vive – o que, a depender do público, deve se projetar para o futuro (quando o grupamento pende para questões de injustiça ou revisão histórica) ou para o passado (quando se tratar basicamente de preconceituosos, saudosistas, frustrados por qualquer política liberal e, geralmente, de religiosos) –, de modo que esse suplemento do intelecto deficitário com elementos afetivos desemboque naquilo que a classe de estúpidos quer ouvir.

Em outras palavras, os estúpidos tendem a aplaudir com respeito e admiração aquele que for capaz de enganá-los da maneira mais concreta, compreensível ou eficiente, uma vez que, por estarem dispostos a ouvir somente aquilo que, de antemão, estabeleceram querer ouvir, o expoente intelectual legitimado não parte da equação para o resultado, mas, uma vez que o resultado é preestabelecido, a partir do resultado – que não é, portanto, resultado nem conclusão de coisa nenhuma, sendo, na realidade, expressão de um incontrolável desejo –, inventa a equação que atenda da melhor maneira aos requisitos da argumentação acima descrita. É o método da *estupidez aplicada*.

O processo varia conforme o nível médio de instrução e desenvolvimento educacional dos estúpidos agrupados e, daí, parte para uma seleção robusta de platitudes que, aparentemente, suprimem questões científicas controversas ou mais profundas. Um apêndice é necessário em razão da constante presença de sujeitos mais escolarizados que formam uma minoria na horda: para que não os perca – e porque a aderência ao grupo de pessoas com mais diplomas legitima ainda mais a falsa ciência da liderança –, o candidato a guru deve colocar interrogações sagazes e movimentar balizas do conhecimento, misturando disciplinas ou conceitos alienígenas dentro de uma mesma matéria, de modo que garanta sempre a existência de receio, dúvida e contrariedade em face de qualquer hipótese científica que se coloque contra ou ameace a estupidez defendida. Observado esse diferencial, os estúpidos mais escolarizados sentir-se-ão prestigiados e, fatalmente, serão vitimados pela estúpida vaidade por se acreditarem mais sagazes que os cientistas e, de quebra, estarão motivados para captar novos estúpidos para o movimento. É de se destacar, aliás, que o poder exercido pela autoridade "reconhecida" é tanto maior quanto mais imperceptível e invisível for a cumplicidade daqueles que a ela se submetem, pois, em razão das suas vaidades, não aceitam ou não lhes convém saber que são títeres.

Mais uma advertência deve ser feita sobre a *estupidez aplicada*: ela se torna praticamente irresistível a qualquer estúpido quando lança mão da *semiótica*, uma teoria geral dos signos que investiga, grosso modo, as relações e operações *sígnicas* mentais que acontecem de modo automático, intuitivo e implícito. Por exemplo: correlações com jogos de *videogame*.

Uma inteligência despótica que domine a semiótica é capaz de direcionar o significado ou produzir grande impacto e superdimensionamento de um acontecimento no espectador – e não é demais salientar que, apesar de elaborada no final do século 19 por Charles Sanders Pierce, a primeira grande escola dessa ciência teve início na extinta União Soviética e foi responsável pelo estruturalismo linguístico dessa longeva e poderosa tirania, bem como, nos dias atuais, a chamada semiótica de imagem ou matriz visual é fundamental instrumento publicitário.

O impacto é devastador no campo da ciência política, que mantém intocado o cordão umbilical com a mitologia e seus derivados terminológicos diádicos do bem e do mal das teologias religiosas, o que amplia, sobremaneira, o campo de exploração semiótica como instrumento de interesses desonestos através da manipulação de ações para que encontrem aceitação automática e implícita no registro de signos do interlocutor, onde se encontra tudo o que vem à mente, dentro da qual o possível se torna real pela conexão com o conhecimento ali assentado no instante do registro.

E, assim, dominam-se os crentes científicos, uma categoria composta sempre e necessariamente de sujeitos estúpidos, porque se acreditam guardiões de um dogma da ciência, o que é algo impossível por definição. Prendem-se a uma aparência que, muitas vezes, não passa de mera sombra. Diferenciam-se deles os crentes religiosos, uma categoria que não é, *a priori*, composta por estúpidos (pois, *a priori*, valorizam a luz), mas que está repleta deles (por estarem cegos, pelo incômodo da luz ou, até mesmo, por preferirem as trevas). Logo, quanto aos estúpidos da família dos crentes científicos, eles podem ser, ao mesmo tempo, crentes religiosos estúpidos.

Quanto aos crentes religiosos, eles se dividem em duas categorias: (*i*) os verdadeiros e (*ii*) os estúpidos. Quanto aos estúpidos, eles se diferenciam não só pelo grau da estupidez – no que se subdividem em (*ii.a*) moderados [a moderação pode caracterizar também o religioso verdadeiro que, quando não moderado, é devocional] e (*ii.b*) fanáticos [que se diferenciam dos devocionais quando sua falta de moderação implica em males, danos, seja para o crente seja para terceiro] –, mas também pela natureza da estupidez – de modo que podem ser (*ii.c*) estúpidos científicos (os que estabelecem parâmetros "científicos" para a fé professada) ou (*ii.d*) estúpidos puramente religiosos.

Independentemente da taxonomia principal, é importante notar que, seja de maneira abertamente anticientífica ou aparentemente (enganosamente) científica, a preponderância da autoridade intelectual depende sempre de uma inteligência que, no fundo, ou despreza seus pupilos ou, sendo dotada, também pode ser genuinamente estúpida. No caso do desprezo, essa autoridade utiliza como degraus de uma escada, que serão impiedosamente pisados quando julgar necessário, todos aqueles que tendem para concepções inferiores pela baixa capacidade efetiva do intelecto.

Em algum momento, anterior ou posterior, essa liderança intelectual abusiva sabe, sem que mais absolutamente ninguém o saiba, estar alimentando a estupidez e tosquiando negativamente intelectos, voluntária ou involuntariamente, já pobres, através da manipulação dos sentimentos dos sujeitos individualmente patéticos, mas que, através do fenômeno da coletividade, encontram forças capazes de elevá-los acima deles próprios e de fazê-los viver uma vida diferente desta que é implicada na sua natureza individual até então frustrante.

## Você é um rosto na MULTIDÃO e eu sou o centro das atenções[10]

Importa falarmos, mesmo que rapidamente, sobre uma grande – talvez a maior, mas, de qualquer forma, dominante – autoridade intelectual do gigantesco círculo da estupidez formado pelos crentes científicos brasileiros.

Um escritor – mestre inigualável da patifaria intelectual; um sujeito capaz de convencer milhões de estúpidos que as fezes têm sabor de chocolate – disfarçado de filósofo, pois guarda de Nietzsche o talento

---

[10] *Ibidem.*

da escrita (e só da escrita... mas um inegável talento), travou guerra com um povo messiânico chamado *imbecil coletivo*. Depois de 20 anos de derrotas, ignorado e já escondido em terras estrangeiras, quis o destino que adoradores desse escritor vencessem tal povo.

Mas os adoradores não perceberam que, como um filho de Machiavelli, cujas fezes foram fecundadas por um sedutor Cesare Borgia ao final da sífilis, fruto *amadrinhado* por Dercy Gonçalves e, há algum tempo, já senil, de emplastro sabiá e sem espada própria – conservando *tramontinamente* afiada, porém, a língua –; obcecado e precisando vencer a qualquer custo, pois disso dependia sua vida, que corria grave risco pela incapacidade de arcar com um plano de saúde, esse escritor, conhecedor que era de todos os métodos do povo inimigo, havia transformado todos os seus asseclas igualmente em *imbecis coletivos*.

Logo, respeitando as ligeiramente diferenciadas imbecilidades de cada povo igualmente *imbecil coletivo* – rivais (mas não inimigos; porque rivais em vilania) que, hoje, lutam em lados opostos da mesma sombra pela hegemonia de sua respectiva ideia de imbecilidade –, chamaremos, todos eles, de estúpidos e trataremos da imbecilidade como estupidez.

Assim, identificamos os dois grandes círculos de estupidez que se digladiam sem cessar em uma arena sem luzes da política nacional. Como o estúpido, em ambos os círculos e na esmagadora maioria das vezes, é sujeito de pensamento binário e de interação social coletiva em grupos de orientações unânimes, ele é incapaz de admitir que qualquer pessoa que não esteja dentro do seu pasto de estupidez verdejante não esteja, obrigatoriamente, alimentando-se da estupidez sanguinária do vizinho e rival. Por isso, convém à intelectualidade abusiva dominante – alçada ao cargo de mito ou profeta (poder simbólico) – exigir que qualquer um que não seja estúpido e se negue a conviver com estúpidos de qualquer dos polos seja olhado com desconfiança e decapitado na primeira oportunidade, uma vez que estaria tentando disfarçar a vergonha de pertencer ao lado rival ou se inserir como odioso infiltrado.

Todo aquele que ousa se orgulhar da própria individualidade e que comete a heresia de se destacar de qualquer rebanho deve receber muita atenção. Ele precisa ser desacreditado e aniquilado do jogo político tão logo destoe da unanimidade. É um risco grande demais permitir que qualquer estúpido, observando o herege se movimentar conforme a mais íntegra autonomia individual, desconfie que seja um estúpido e queira, assim, pensar melhor ou reconheça, mesmo que estupidamente, alguma autoridade nesse herege colocando em risco a unanimidade cega e a liderança da intelectualidade manipuladora.

Convém dizer, por fim, em razão de tudo o que já vivemos na política, depois de termos sido chamados das coisas mais absurdas, odiosas e contraditórias, que o preço do abandono da estupidez requer do bípede muita força e coragem.

## Entre eu e você existe a NOTÍCIA que nos separa[11]

*"Depuis la mort de Napoléon, il s'est trouvé un autre homme duquel on parle tous les jours à Moscou comme à Naples, à Londres comme à Vienne, à Paris comme à Calcutta."*[12]

Assim, com indisfarçado e inflamado entusiasmo, Stendhal anunciava Gioachino Rossini: morto Napoleão, o compositor era o novo grande conquistador do mundo!

Se, por um lado, é com júbilo que o literato o apresenta, reputando-o como um revolucionário da ópera italiana, Giuseppe Mazzini, apesar de reconhecê-lo como *"Titano di potenza e d'audacia"*, *"il Napoleone d'un'epoca musicale"*[13], nega, por outro, que o operista tenha realizado qualquer revolução. Mazzini, um verdadeiro revolucionário na uni-

---

[11] *Ibidem.*

[12] STHENDALL, *Vie de Rossini*. Nouvelle Édition entièrement revue. Paris: Michel Lévy Frères Libraires-Éditeurs, 1854, p. 4.

[13] MAZZINI, Giuseppe. *Filosofia della Musica*. Milano: Bietti, 1833. Edição eletrônica disponível em: <http://piranesi150.altervista.org/alterpages/files/mazzini_filosofia_della_musica.pdf>. Acesso em 05 ago. 2020, p. 25.

ficação italiana, argumenta que Rossini jamais introduziu qualquer elemento novo que transformasse as características da antiga escola italiana – embora concorde que Rossini as tenha "reinaugurado", insiste que sua obra é *"musica senza ombra, senza misteri, senza crepuscolo. Esprime passioni decise, energicamente sentite, ira, dolore, amore, vendetta, giubilo, disperazione – e tutte definite per modo che l'anima di chi ascolta è interamente passiva"*.[14]

Datado de quase dois séculos, tal embate de pensamentos permanece sem conclusão até hoje.

Nascido em uma família de músicos em Pesaro, no litoral Adriático, Rossini influenciou sua própria geração e a geração seguinte – e tamanha foi sua influência que ela resvalou em inconveniente para a maioria dos músicos sem gênio criativo. Em suas *Memórias*, Giovanni Pacini, contemporâneo seu, lamentava que todos tinham que se tornar imitadores de Rossini para conseguir trabalho, *"poichè per volersi sostenere non vi era altra strada a seguire"*.[15]

*Il Barbiere di Siviglia*, ópera composta em 1813, tornou-se e permaneceu o esteio de qualquer repertório da época, com presença fixa em todas as casas de ópera do mundo desde as primeiras apresentações. Mas, a despeito do entusiasmo de Stendhal, tratava-se de ópera que foi inserida na categoria de obras *cômicas* – e não nas chamadas *sérias* – do compositor, razão pela qual a crítica especializada (ou, nas palavras de Pacini, *"per meglio dire l'invidia e l'ignoranza"*[16]) insistia em desqualificar o gênio, cuja obra, a despeito do sucesso de suas árias como trilha sonora em clássicos cômicos da televisão e do cinema, desapareceu dos palcos durante quase todo o século 20. O *revival* rossiniano, realçado por tenores ágeis, aconteceu somente na década de 1990 no *Metropolitan Opera House* em Nova Iorque.

---

[14] *Ibidem*, p. 25-26.

[15] PACINI, Giovanni. *Memorie artistiche*. Firenze: Presso G. G. Guidi, 1865, p. 17.

[16] *Ibidem*, p. 8.

ESTÉTICA DA ESTUPIDEZ

E qual criança de nosso tempo, instruída como qualquer *homo videns* (gloriosa expressão cunhada por Giovanni Sartori), desde os clássicos de Mickey Mouse (que, já em 1935, regia *Guillaume Tell*) até o politicamente incorretíssimo Pica-Pau (que popularizou *O Barbeiro de Sevilha* em 1944) ou mesmo o coelho Pernalonga (em 1950), nunca cantarolou "Fígaro, Fígaro, Fígaro"? Todavia, nosso primeiro encontro sério com a obra de Rossini só aconteceu na última semana do mês de janeiro de 2017.

Atrasado nosso voo em Miami, perdemos a folga de tempo que teríamos em Nova Iorque. Lá chegando, deixamos a bagagem no hotel da *Park Avenue* e, *underdressed*, corremos para o *Metropolitan*. Era nosso primeiro *Il Barbiere di Siviglia*. Sentamo-nos em frente a Orquestra. O acanhamento pelo uso inesperado dos *jeans* aos poucos se esvaía, tendo sido completamente deixado de lado na metade do primeiro ato. O baixo Mikhail Petrenko interpretava o professor de música Dom Basílio, cuja ária, cessando tudo o que a anterior ária cantou, foi mais aplaudida que o grande *hit* de Fígaro, o barbeiro e faz-tudo da cidade.

Dois anos depois, no Theatro Municipal de São Paulo, repetimos o espetáculo. A grande lição de patifaria de Dom Basílio, em 2019, fazia-nos muito mais sentido com a chegada do novo estúpido coletivo ao poder. Imaginamos os métodos daquele escritor verborreico incensado como guru e que legitimou a imagem, nestas paragens, do presidente sem nenhum caráter – um misto de Macunaíma com Venceslau Pietro Pietra, o gigante Piaimã "comedor de gente", para tristeza da alma imortal de Mário de Andrade – e passamos, então, inconscientemente, a refletir sobre as raízes da estupidez e a razão de seu sucesso ao longo da História.

\*

Em apertadíssima síntese, na Sevilha do século 18, o Conde d'Almaviva é avassaladoramente apaixonado por Rosina, que vive sob a tirania de seu tutor, Dr. Bartolo, que, por sua vez, também sonha desposar a moça. O Conde, para conquistar a moça, requer a ajuda de Fígaro ressaltando o seu desejo de despertar um amor verdadeiro: Rosina deve se entregar à personalidade do Conde e não à sua riqueza.

Traçado o plano, o nobre é disfarçado como um pobre estudante sob a falsa identidade de Lindoro. Mas Dr. Bartolo, o rival do Conde, também tinha seu cúmplice: Dom Basílio, o professor de música de Rosina, que, aconselhando seu chegado, profere uma grande lição de patifaria, cujos versos tomamos a liberdade de traduzir:

A calúnia é um ventinho, um arzinho bem gentil, que, sem que se sinta, sutilmente, levemente, docemente, começa a sussurrar. De mansinho, no chão, em voz baixa, sibilando, vai escorrendo, vai zunindo e, nos ouvidos das pessoas, introduz-se habilmente, deixando aturdidos e inchados a cabeça e o cérebro. Saindo da boca, a algazarra vai crescendo, pega força aos poucos e voa de um lugar a outro como um trovão na tempestade que, no meio da floresta, vai silvando, rosnando e faz gelar de horror. No fim, transborda e estoura, se propaga e se redobra produzindo uma explosão como um tiro de canhão, um terremoto, um temporal, um tumulto geral que faz retumbar. E o pobre caluniado, envilecido, esmagado, sob flagelo público, com muita sorte, há de morrer.[17]

Dom Basílio cantava a estratégia milenar da vitória injusta, cuja origem se perde na noite dos tempos: a notícia falsa, a calúnia, a mentira.

---

[17] Texto original de *Il Barbiere di Siviglia*, ópera composta por Gioachino Rossini e *libreto* de Cesare Sterbini: "*La calunnia è un venticello, un'auretta assai gentile che insensibile, sottile, leggermente, dolcemente incomincia a sussurrar. Piano piano, terra terra, sottovoce, sibilando, va scorrendo, va scorrendo va ronzando, va ronzando; nelle orecchie della gente s'introduce destramente, e le teste ed i cervelli fa stordire e fa gonfiar. Dalla bocca fuori uscendo. Prende forza a poco a poco, vola già di loco in loco; sembra il tuono, la tempesta che nel sen della foresta va fischiando, brontolando, e ti fa d'orror gelar. Alla fin trabocca e scoppia, si propaga, si raddoppia e produce un'esplosione come un colpo di cannone, un tremoto, un temporale, un tumulto generale che fa l'aria rimbombar! E il meschino calunniato, avvilito, calpestato, sotto il pubblico flagello per gran sorte ha crepar.*"

ESTÉTICA DA ESTUPIDEZ

\*

Como dissemos, em 2019, a grande lição de patifaria de Dom Basílio já era a pauta que – de maneira muito mais explícita, operacionalizada e, podemos dizer, triunfante – se impunha na vida política nacional; um problema antigo que, contudo, era encarado através de um novo rótulo *par ricochet* dos acontecimentos eleitorais precedentes nos Estados Unidos da América.

Longe da intenção de sequer insinuar que nós, pobres homens do nosso tempo – tão distantes, em excelência e inventividade, das grandes mentes literárias que, todavia, foram-se deste plano em tempo relativamente próximo destes dias (cerca de um quarto de século), escritores que teriam desenvolvido enredos muito mais envolventes, com prudência e sofisticação, que seriam muitíssimo mais competentes em atingir os objetivos da ficção contra quaisquer adversários –, tenhamos inaugurado a técnica de ludibriar ou, muitíssimo menos, a levado ao estado da arte. Não nos passa pela cabeça cometer tamanha leviandade, mais ainda quando seus atuais aplicadores, de modo involutivo, não são capazes de qualquer refinamento ou, por total falta de talento (inteligência), de observar com respeito as técnicas de outrora.

Não se fazem mais enredos como antigamente.

Ora, mesmo que todas as evidências apontassem para o fato, é também fato que, até hoje, não sabemos – e não saberemos jamais – com resoluta certeza, se houve ou não houve traição, inda mais uma perpetuada com dúvida sobre um estado de filiação (e as tramas não são mais as mesmas desde o exame de DNA). Carregou para a cova, Machado, o segredo de Capitu.

Se Shakespeare, em suas tragédias, falava de reis coroados por suas calúnias e, muito antes de Cristo, as comédias de Plauto já glorificavam o ardil para a realização dos desejos, conclusão diferente não pode haver: ludibriar deve ser uma ação tão antiga quanto comer, pois é certo que, quando não a reinventa, a arte só faz imitar a vida.

Portanto, é desfaçada estupidez travestida com a minissaia da presunção dizer que as *fake news* são fenômeno da modernidade.

Se nos permitimos dizer que Machiavelli ensinava que *os fins justificam os meios*, certamente ele não falava em transparência, solidariedade nem justiça (sendo também de se destacar que a famigerada frase, jamais proferida pelo florentino, não se encontra no texto d'*O Príncipe* – uma *fake news* repetida em coro e aos borbotões ao longo da História, comprovando que não merecem créditos aqueles que não leem e, tampouco, aqueles que discorrem sobre texto dos quais "conhecem" apenas as conclusões batidas de terceira mão que, pela estupidez arraigada, tornam-se verdades).

Talvez possamos, no Brasil, culpar a carência ou a indesculpável omissão de mentes brilhantes na Política, na Filosofia, no Direito e na Literatura pela vergonhosa permissão passiva dessa percepção sobre as *fake news*: de que elas são um fenômeno hodierno. O recurso das notícias falsas, ou seja, das calúnias, da mentira, é estratagema mais velho que Matusalém, que é, em si, também uma mentira. Só insuspeita inocência poderia afirmar o método das notícias falsas como um problema novo na nossa política.

Todos nós, lusófonos, já ouvimos falar, mas, depois dessa gafe sobre as *fakes news*, não se pode dizer que muitos tenham, de fato, lido Eça de Queiroz que nos ensina: "Não há nada novo sob o sol, e a eterna repetição das coisas é a eterna repetição dos males".[18]

Causa profundo constrangimento àqueles que renunciam à bênção da estupidez quando "cientistas" dão novo nome a uma vergonha tão antiga quanto a primeira ereção, pois, agindo dessa maneira, homenageiam o dom que maus autores de péssimos roteiros não têm. Mais certo que a gravidade que nos prende ao solo é o fato de a criatividade tosca – se é que se pode falar em criatividade – dos estúpidos, incensados como pilares virtuais da cultura estupidificada em redes de ódio, não ser capaz de sustentar o mínimo suspense que garanta o benefício da dúvida: a Capitu dos estúpidos é sempre pega em flagrante com a boca, na melhor das hipóteses, na botija!

---

[18] QUEIRÓS, Eça de. *A cidade e as serras*. Porto: Livraria Chardron, 1901, p. 151.

# ESTÉTICA DA ESTUPIDEZ

Fraude sempre foi fraude e, durante todo percurso das águas no rio do tempo, recebeu seu castigo quando descoberta... E até reis perderam a cabeça; quando não por normas jurídicas previamente estipuladas em qualquer grupamento humano, pelo sentimento da vingança que não deixa de ser uma forma de justiça.

Mas os estúpidos "cientistas", contemporâneos nossos, que fingem um embasbacamento estúpido diante das notícias falsas – como quem reage com asco diante da revelação de que o homem deve defecar todos os dias – buscam, na verdade, disfarçar a própria estupidez diante dos olhos oblíquos e já nada dissimulados de nossa estúpida classe política. Assim, fingindo estarem diante de uma excrecência da modernidade, de um imprevisto que requer a invenção de medidas drásticas que já existem, a inteligência exploradora da estupidez terá a chance de reinventar a roda criando dispositivos jurídicos novos que, pouco em pouco, indo além do mal necessário já positivado e ignorado, corroem a liberdade de todo o povo.

A notícia falsa divulgada hoje tem a mesma essência da notícia falsa publicada ontem que é, como fenômeno, a mesma notícia falsa de uma época anterior a Gutenberg e, todas, com a mesma natureza da notícia falsa que surgirá amanhã.

Quanto ao efeito, ele também é o mesmo em todos os tempos. Entretanto, algo grave precisa ser destacado: pelo estágio avançado das tecnologias e da estupidez, o alcance da notícia falsa de hoje é inimaginável para a mente diabólica de Dom Bartolo. A mentira corre sem freios, de modo que esse velho problema tem uma nova dificuldade: torna-se extremamente difícil o seu desfazimento, o retorno ao *status quo ante*, o reestabelecimento da verdade – coisa que já era difícil antes da internet, pois a imprensa nunca se preocupou com o desmentido, que nunca vende tanto quanto o escândalo.

No cotidiano político atual, "influenciadores digitais", que sequer aprenderam o básico na *Caminho Suave*, ocupam a cadeira que outrora pertenceu a Ruy Barbosa. Alegações boçais e estapafúrdias elaboradas por mentes tacanhas são constantemente exteriorizadas, sem nenhuma piedade pela vítima e por nossos ouvidos, pela indômita língua dos estúpidos que, para a infelicidade de Plutarco, indiferente às rédeas rutilantes que o pensamento puxa para dentro, sequer será mordida até verter sangue. Cai em ouvidos moucos a advertência de Eurípedes e, sem freios, a boca nos conduz à desgraça.

A estupidez que começara como farsa acabou como tragédia.

## A mentira da aparência do que eu sou é A MENTIRA DA APARÊNCIA do que você é[19]

Porque a apresentação dos estúpidos nos levou, necessariamente, ao círculo dos crentes científicos. E porque este círculo deve ser diferenciado do círculo de crentes religiosos, pois, em teoria, este deve repelir a estupidez por radical diferença de objeto. E, ainda, porque resulta da observação que uma esmagadora maioria dos religiosos estúpidos, que, na realidade, são crentes científicos, estão somente travestidos de crentes religiosos, dificultando justiça ao religioso genuíno; e, ato contínuo, também porque existe uma maioria de estúpidos que são assumidamente crentes científicos e, ao mesmo tempo, reconhecem-se como crentes religiosos, necessário foi que, na sequência, introduzíssemos e discorrêssemos sobre a natureza da notícia falsa que gera, alimenta e faz crescer a estupidez.

A estupidez, que, nos primeiros meses, alimenta-se da falta de curiosidade, observa, pelo restante da existência, uma dieta nada balanceada e composta essencialmente de mentira. Mas não de qualquer mentira.

A estupidez surge daquela espécie de mentira que define a notícia falsa; da pior espécie de mentira que pode haver: a mentira com aparência de verdade.

---

[19] *Ibidem.*

## O que é a verdade?

Uma vez apresentado o pressuposto da ciência, cuja aparência pode levar à estupidez, bem como, quanto à estupidez, pelo fato dela facilmente se misturar na religião, convém adicionar, nesta altura, o pressuposto religioso para que se possa discorrer sobre *verdade* e *mentira*.

Se, de um lado, a ciência despreza, por essência, a admissão do conhecimento da verdade, não é certo, por outro, que ela descarte a *aparência da verdade*. Pois, mesmo que a verdade triunfe sobre a aparência da verdade, não é verdade que sua aparência seja sempre uma mentira.

Logo, em ciência, a aparência da verdade pode ser:

(*i*)  *verdadeira*: quando, a partir do método científico, se mantiver como hipótese ainda não refutada;

(*ii*)  *involuntariamente falsa*: enquanto, pelo mesmo método científico, não é refutada por nova hipótese mais verossímil (no que se refere igual à aparência verdadeira descrita anteriormente) ou a partir do momento que é substituída pela tese nova (e passa a ser tratada como memória científica); ou

(*iii*)  *deliberadamente falsa*: quando não aceita o descarte ou transformação pelo método científico ou quando nunca submetida a esse processo racional.

Tendo em vista essa diferenciação e homenageando a clareza argumentativa, trataremos das aparências da verdade, quando verdadeiras, como *elementos da verdade*.

Já no campo da religião, cumpre esclarecermos que a ela não se aplica, em absoluto, o método científico, motivo pelo qual sempre trataremos dogmas como elementos da verdade religiosa ou como deliberadas mentiras – aquelas detectadas a partir do confronto com seus textos sagrados.

Nas duas searas, verdadeiro, portanto, é aquilo que reflete a verdade, que, por ser maior que o conjunto do universo, nunca pôde ser contemplada em sua inteireza pela humanidade. E essa é uma verdade sobre a verdade que é reconhecida, por definição, pelo círculo científico genuíno (não estúpido) e, em igual medida, pelo círculo religioso (não estúpido). Disso, uma **primeira conclusão** se extrai: *tanto o cientista verdadeiro quanto o religioso de verdade se opõem à estupidez.*

Desse modo, a estupidez se isola como característica daqueles que negam a única verdade possível à raça humana acerca da verdade, qual seja: a de que nenhuma pessoa sobre a face da Terra a detém.

A diferença entre o cientista e o religioso genuínos, por sua vez, reflete o seguinte argumento:

(*i*) *o verdadeiro cientista*, por saber que não detém a verdade, através dos elementos alteráveis da verdade que sucessivamente descobre, sempre caminha para ela reconhecendo que, talvez, nunca chega até ela e que, caso chegue, não sabe o que esperar (ou seja, o cientista não tem expectativa do que seja a verdade completa); ao passo que

(*ii*) *o verdadeiro religioso*, que, como o diabo a correr da cruz, corre da vaidade, da arrogância e da prepotência de querer se igualar a Deus, porque compreende que só Deus é onisciente, através dos elementos imanentes da verdade que lhe foram revelados, sempre caminha para ela com a certeza de que nela chegará, seja no plano vindouro ou mesmo neste (se der a sorte de estar vivo no dia do Juízo), bem como na certeza de que a verdade é Deus (o religioso, por sua vez, tem uma expectativa do que seja a verdade), que, por ser Deus, não se deixa ser dominado e completamente conhecido pela criatura.

Uma **segunda conclusão** vem à tona: *enquanto o cientista verdadeiro espera qualquer verdade, o religioso verdadeiro espera uma verdade preconcebida, mas ambos têm consciência de que só esperam.*

Logo, se tanto o cientista verdadeiro quanto o religioso de verdade se opõem à estupidez; e se ambos sabem, embora o primeiro não nutra expectativa do que seja e o segundo o faça, e não detiverem o conhecimento integral da verdade mesmo na posse dos elementos que dela dispõem, extrai-se uma **terceira conclusão**: *o estúpido acredita já estar na posse de toda a verdade.*

## O que é a verdade?

Ao leitor atento daquilo que acabamos de expor, a verdade já se definiu de maneira negativa. Em mais dizeres, uma vez que a verdade é a justificativa e fundamento último de cada coisa e, ao mesmo tempo, de todas as coisas que existem, inclusive daquelas que desconhecemos (e a corrida espacial inaugurou a era da certeza científica do desconhecimento de todas as coisas, na qual a única certeza é que não há certeza absoluta, pois, a cada nova etapa, a humanidade é surpreendida com fatos que sequer sonhou; de igual modo, a certeza desse desconhecimento integral na esfera do religioso se resume na velha máxima shakespeariana que diz: *"entre o Céu e a Terra, há mais mistérios do que pode sonhar a nossa vã filosofia"*)[20], a verdade plena não pode ser conhecida por qualquer pessoa neste tempo e neste plano.

A verdade, justamente por ser aquilo que é, uma vez que desconhecemos não só o mencionado fundamento último das coisas,

---

[20] SHAKESPEARE, William. *The tragicall historie of Hamlet, Prince of Denmarke*. London, 1865, ato I, cena V, 42ª fala: "(Hamlet) *And therefore as a stranger give it welcome. There are more things in heaven and earth, Horatio, Than are dreamt of in your philosophy. But come; Here, as before, never, so help you mercy, How strange or odd soe'er I bear myself, As I perchance hereafter shall think meet To put an antic disposition on, That you, at such times seeing me, never shall, With arms encumber'd thus, or this headshake, Or by pronouncing of some doubtful phrase, As 'Well, well, we know,' or 'We could, an if we would,' Or 'If we list to speak,' or 'There be, an if they might,' Or such ambiguous giving out, to note That you know aught of me: this not to do, So grace and mercy at your most need help you, Swear.*"
Nesse sentido, C. S. Lewis, em sua apologia cristã, é poético: "As estrelas foram perdendo seu aspecto divino à medida que a astronomia se desenvolvia".

mas também por desconhecermos a existência de muitas coisas ao longo do universo, é também aquilo que não sabemos. Mas falamos, também, dos elementos da verdade que municiam tanto os cientistas quanto os religiosos verdadeiros. Conforme já expusemos, o elemento da verdade é sempre uma aparência da verdade, mas uma aparência da verdade nem sempre é um elemento da verdade.

Ao passo que o elemento da verdade científica é alternável, assumindo, assim, o predicado não de mero elemento descartável, mas substituível conforme a evolução das constatações, a partir de premissas e parâmetros, o elemento da verdade religiosa é permanente, uma vez que foi revelado de modo sobre-humano. Embora um seja efêmero (a depender das circunstâncias, pois é *eterno enquanto dura*) e o outro imanente, cientista e religioso sabem que dispõem apenas de elementos; aceitam, ambos, que não detém a verdade em si.

Se o cientista tem liberdade no curso da vida porque não gera uma expectativa da verdade e sabe que os seus elementos da verdade podem mudar, o religioso guarda rituais e modos de percorrer a vida preestabelecidos, voluntariamente renunciando de alguma liberdade para as possibilidades de agir em sua via, porque tem uma expectativa da verdade e fé que os elementos revelados são e sempre foram verdadeiros e assim continuarão *in sæcula sæculorum*. Ambos, insistimos, não confundem, contudo, o elemento da verdade com a verdade.

Ao leitor com dificuldade de enxergar o reconhecimento, da parte do religioso verdadeiro, de que não lhe é dado saber da verdade absoluta, vale recorrer à lição do monoteísmo: o religioso tem a certeza de que a verdade absoluta está em Deus e que ela é Deus.

O religioso, quando verdadeiramente religioso, sabe que é filho de Deus e não ousa se igualar a Deus (Javé, Alá ou que atenda por qualquer outro nome), pois sabe das suas limitações humanas, ou seja, que não pode tudo. Não podendo tudo, também é fácil concluir que não pode, ao mesmo tempo, estar em todos os lugares (quer no espaço quer no tempo), razão pela qual, logicamente, não sabe sobre tudo. E porque, na posse das suas faculdades mentais, está ciente de tudo isso, tendo certeza de que a verdade está em Deus, porque é Deus todo-poderoso, ou seja, onipotente e, sendo-o, é também onipresente e onisciente, outra conclusão não pode extrair senão a de que a verdade tudo pode, tudo sabe e em tudo está. Somente um religioso estúpido, portanto, eleva-se à condição de detentor da verdade quando, na verdade, é a verdade que o detém.

É por isso que se diz, no cristianismo raiz, "eis o mistério da fé", porque, não fosse mistério, não seria fé – da mesma forma que, em ciência, a revelação da verdade anularia a ciência.

Quando qualquer profeta fala das condenações e do porvir, é lugar-comum o momento do juízo. Fosse a verdade dada por inteiro, qual seria a necessidade de um julgamento final – através de um apocalíptico tribunal ou do simples sopesar do coração em uma balança que tem uma pluma sobre o prato diametralmente oposto? Não havendo necessidade da fé, estaria condicionada a criação a agir conforme a verdade integral conhecida ou não e, na sua onipotência, Deus não precisaria se preocupar com qualquer burocracia. O juízo poderia ser aplicado por algoritmos e nem haveria razão para que se pensasse na misericórdia divina, já que, escancarada a verdade sem nuances igualmente para todos os seres humanos, ou a misericórdia é para todos (o que dispensa ouvir o profeta, que fica desacreditado por Deus) ou não é para ninguém; porque uma misericórdia seletiva não é misericórdia; e não é misericórdia porque é injusta – e, fazendo-o, Deus seria injusto (muito embora não possamos descartar essa hipótese a título de argumentação, pois Deus pode o que ele quiser).

Esse é o conceito de fé, palavra traduzida do famoso termo em grego clássico de Paulo de Tarso πίστις (*pístis*), definido no fantástico Diccionario Sopena não como conhecimento, garantia ou certeza, mas como *obediência, confiança, persuasão* – cabendo assinalar, desde já, que Paulo, um incrível intelectual, foi muito cioso na escolha das palavras. Se toda a verdade estivesse diante de nós, o jogo da vida estaria resolvido; o livre-arbítrio seria expressão vazia e não haveria a necessidade de profetas, religiões e sacerdotes, pois são eles nada mais que intermediários da verdade.

Só alguém que estando com Deus[21] ou sendo o próprio Deus, poderia revelar o mistério e fazer da fé o conhecimento de toda verdade – porque a fé está na verdade e com a verdade, mas com ela não se confunde; a fé é a mais confiante de todas as apostas que um ser humano pode fazer.

Mas aquele que esteve com Deus, Moisés, encobriu o rosto porque temeu olhar para Deus. E aquele que era Deus, Jesus, calou-se quando lhe perguntou o crudelíssimo Pôncio Pilatos: "Que é a verdade?"[22] (Jo 18,38)

Depois de muito tempo e de muita bobagem que já dissemos, recebemos a graça de entender Jesus diante do governador romano.

E, mais do que a própria ressurreição, o silêncio de Jesus é muito mais relevante para aqueles que acreditam que Ele é o próprio Deus na Segunda Pessoa da Santíssima Trindade. Pois, na verdade, a verdade cristã (e, na esteira dela, a islâmica) é uma promessa. Essa promessa da verdade está profetizada na ressurreição de Cristo e, se alguma verdade pode ser extraída do Deus vivo além da promessa da verdade, é que nos é negado saber, antes da vida eterna, quer dizer, durante toda a condição humana, o que a verdade de fato é.

O mesmo Jesus, no fatídico silêncio revelador da sua condição divina, só faz reiterar, de maneira muito mais eficaz ao bom entendedor, aquilo que João disse que o Deus homem dissera: "Se vós

---

[21] A pergunta de George Steiner é inevitável: "Como é possível a um ser humano saber que está sendo chamado por Deus? Como podem a sensibilidade humana e o intelecto estabelecer uma distinção entre uma sensação de êxtase, profundamente sentida como se fosse uma intimação divina, mas cujas verdadeiras origens estejam nas necessidades e nas emoções da própria pessoa, e a voz autêntica de Deus?" (STEINER, George. *Nenhuma paixão desperdiçada.* Trad. Maria Alice Máximo. 2 ed. Rio de Janeiro: Record, 2018, p. 324)

Como dissemos, os elementos da verdade religiosa não são passíveis de averiguação pelo método científico e, fora da razão, perguntas dessa natureza, mesmo que inevitáveis, ficarão sem resposta, invariavelmente.

[22] *Salvo quando citamos o tradutor, os trechos são traduções nossas a partir do texto original disponível em: https://biblehub.com.*

permanecerdes na minha palavra, sois verdadeiramente meus discípulos, e conhecereis a verdade, e a verdade vos libertará" (Jo 8,31-32). No Brasil, o trecho transcrito tem sido deturpado da maneira mais ridícula, sacrílega, herética, odiosa e, obviamente, estúpida. Líderes populistas apresentam-se como portadores da verdade libertadora anunciada na Palavra. Mas o fato é que a Palavra não anuncia o conteúdo da verdade integral. Diz onde ela está, mas não a revela em todo o seu esplendor; apenas mostra qual o caminho para que nela se chegue.

A estupidez da distorção chega a ser tosca pela simples ignorância de ortografia. É dito "conhecereis" e não conheceis. "Conhecereis" é a conjugação do verbo conhecer no futuro do presente, pois a verdade da fé é que a verdade será conhecida por aqueles que creem no caminho que leva à verdade, um caminho que está no presente com a promessa de chegada a uma situação futura; jamais antes.

O "conhecereis" da tradução vernácula não é deslize de qualquer tradutor; reflete fielmente a flexão do verbo conhecer contido no relato original grego neotestamentário, qual seja, γινώσκω (*ginōskō*), flexão traduzida nos idiomas cujos verbos não se flexionam no futuro, como o inglês, em "*to come to know*", que é *vir a conhecer* – e não "*to know*" ou "*know*" (conhecer ou conheceis; no grego arcaico: γιγνώσκω).

É também o místico evangelista denominado João – místico por se tratar de um Evangelho de intertextualidade entre os chamados Evangelhos sinóticos, quais sejam, os de Mateus, Marcos e Lucas, sem contar o fato de que esse João Evangelista, apesar de reclamar participações na vida de Jesus, dificilmente pode ser confundido com o João apóstolo, que era certamente analfabeto – que nos relata o relato de outra fala de Jesus: "Eu sou o caminho, a verdade e a vida. Ninguém vem ao Pai senão por mim" (Jo 14,6).

O caminho é a chave de entendimento do cristianismo que nasce a partir de Paulo de Tarso. Jesus é o caminho para Ele mesmo. Guardando para Si o conteúdo da verdade integral, Ele, por outro lado, representa o caminho a seguir para que se conheça essa verdade inteira – repitamos – não agora, mas no futuro (cf. Jo 8,32).

Ele é a verdade porque é Deus (que é a verdade), ao qual ninguém chega senão através do próprio Deus. A verdade é Deus, que só se alcança através de Deus. Parece óbvio a qualquer humano capaz de interpretar o clássico "vovô viu a uva", mas, porque o óbvio não acompanha a realidade, desenhamos: se Ele é a verdade e, ao mesmo tempo, o caminho para a verdade, é inegável que a verdade (pelo menos uma versão final da verdade como um todo) está no porvir; também resta claro que somente aquele que segue o caminho da verdade chega até a verdade. Disso se extrai que o caminho da verdade, por conter a verdade, não é a verdade integral, mas um elemento da verdade que leva à verdade.

Por amor à clareza, analisemos de outro ângulo: se a verdade, por simples tautologia, só se obtém através da verdade, a verdade está, também, no caminho que leva a ela; mas, como o destino é sempre o objetivo do caminho, a sua razão de existir, a verdade do caminho é menor que a verdade da chegada; logo, a verdade do caminho não se confunde com a verdade do destino, que é a verdade maior, absoluta e final, ou seja, como o caminho é sempre meio para que se chegue ao destino, o caminho é só uma parte (elemento) da verdade. Não fosse isso, a verdade integral se confundiria com o caminho (e deixaria de ser fé, que é mistério) e a chegada, destino definido como verdade, de modo que não poderia mais ser sustentada a hipótese da vida eterna ou da existência da alma imortal, condenando o homem a uma infundável privação de muitos gozos nesta vida com a anulação do gozo supremo no plano divino – o que não pode ser verdadeiro a não ser que concluamos que a promessa final (a verdade como destino que ainda não foi alcançado porque o caminho só se esgota com o fim da vida humana) é uma mentira e, portanto, ou Deus é um mentiroso ou uma mentira divina –, o que também levaria, fatalmente, à constatação de que o próprio caminho, enquanto caminho, é uma mentira por não levar a lugar algum (só percorre um caminho quem tem um destino; não há caminho pra quem anda sem rumo).

Mais ainda: se a verdade é Ele e está Nele ao mesmo tempo, chegando-se a ela somente através (meio; caminho; método) Dele,

ESTÉTICA DA ESTUPIDEZ

não poderia Ele, como não o fez, definir o conteúdo integral da verdade, até mesmo porque, onipotente que é, Ele, que só se apresenta como significado primeiro da verdade, pode, a qualquer tempo e em qualquer tempo, alterar o significado último da verdade. Descartar essa possibilidade é negar a Deus a onipotência; e aquele que nega essa verdade, ou nega a divindade de Deus ou quer se tornar deus de Deus e, portanto, em qualquer fé que professe, peca. Mas, cientes dessa verdade, aqueles que, mesmo privados da explicação última de todas as coisas, tiverem Nele a verdade apresentada como verdade primeira, mesmo que Ele decida alterar o conceito último que só Ele sabe e que, a nós, só cabe esperar acreditando no conceito primeiro, continuarão estes na verdade, porque a verdade primeira que é Deus, mesmo que se altere como verdade última, continuará sendo, por todo e sempre, a única e toda verdade.

Outra conclusão não é possível: a verdade cristã repete (além de amplificar de maneira indefinida e universal) o conteúdo da verdade mosaica na medida em que ambas são bastante claras quanto ao fato de que a humanidade não pode saber nem ver o que é a verdade integral durante a condição humana, bem como que, estando também a verdade no caminho, essa verdade representa um elemento que medeia a verdade primeira revelada e a verdade última esperada. Assim, sendo o caminho a verdade meio entre a primeira e a última, ele é um elemento da verdade total que se desdobra em outros elementos da verdade como se fosse um manual de instruções.

Eis a **quarta conclusão** que tira os pecados do mundo: *os elementos da verdade revelados no campo religioso e que são deixados à disposição da raça são, no seu conjunto, um convite para a festa da revelação da verdade final; um convite que determina os trajes e pede, ao final do subscrito,* Répondez S'il Vous Plaît *(RSVP).*

É verdadeiramente religioso, portanto, aquele que é feliz somente por entender que é um convidado para a ceia do Senhor (e não o senhor da ceia). Sobre a *verdade* no seio do cristianismo, importa, ainda, reestabelecermos a verdade (afastando o engano ou falsidade deliberada – nunca saberemos se um ou outro) acerca do uso do termo nos Evangelhos.

É de Frederico Lourenço, que presenteou os falantes da língua portuguesa com a melhor tradução da Bíblia a partir do grego arcaico, a observação de que *amém* foi traduzido (ou seja, foi substituído) nos Evangelhos de Marcos, Mateus, Lucas e João como "verdade". Logo, toda vez que lemos a expressão "em verdade vos digo" ou, na escrita *joanina*, "em verdade em verdade vos digo", nos deparamos com uma mentira.

A palavra de fato utilizada pelos evangelistas, como alertado, é ἀμήν (*amén*), que não significa *verdade*, mas, conforme a tradição dos dicionários ingleses, *verdadeiro* ou *proveniente da verdade* – o que encaramos com desconfiança, uma vez que a palavra "verdade" propriamente dita no grego arcaico, ἀλήθεια (*alḗtheia*), comporta flexão nesse sentido, verdadeiro: ἀληθής (*alēthḗs*) –, que, ademais, informa que o uso bíblico sequer tem significado autônomo por servir apenas como um marcador de ênfase, um elemento indicador e introdutivo empregado no início de qualquer afirmação de crucial importância, de indispensável compreensão.

Convém voltarmos a Lourenço quando este ensina que, "no interior do próprio texto grego, a palavra 'amém' se destaca como palavra estrangeira"[23], razão pela qual adverte que ela deve se repetir (logo, sem substituição) em qualquer tradução vernácula honesta.

*Amén* (ἀμήν), portanto, além da sua natureza próxima (mas não coincidente) àquilo que entendemos como interjeição, é palavra que exprime, por nossa boa vontade e desconhecimento de outra que melhor a defina, ideia indefinida *derivada da verdade* ou *com peso ou chancela da verdade (anterior) da qual pode ser corolário, mas que com a verdade não se iguala*, nunca podendo ser considerada um sinônimo de "verdade" (a título de ilustração, quando dizemos que "chorar é

---

[23] BIBLIA. Português. *Bíblia*: Novo Testamento – Os quatro Evangelhos. Tradução do grego, apresentação e notas de Frederico Lourenço. São Paulo: Companhia das Letras, 2017, p. 44.

ESTÉTICA DA ESTUPIDEZ

humano", sabemos que os demais animais do reino também podem chorar. Portanto, dizer que qualquer coisa é humana não significa que ela revele todo o ser humano nem necessariamente aquilo que lhe é essencial – e, da mesma forma, dizer que os humanos são os únicos seres vivos que trapaceiam não pode significar que a trapaça seja ação definidora essencial ou necessária da raça humana).

No contexto neotestamentário – escrito originalmente e por inteiro em grego antigo –, o fato de que *amén* (ἀμήν) não significa e nem pode ter o mesmo significado de "verdade" é corroborado com o uso semanticamente diverso, dentro dos textos dos mesmos evangelistas – que são, inclusive, contemporâneos –, da real palavra "verdade", qual seja ἀλήθεια (*alétheia*).

A palavra "verdade", essa propriamente dita, é tão pouco usada por Jesus que, ao longo dos três Evangelhos sinóticos (que descrevem a história como um relato), ou seja, de Mateus, Marcos e Lucas, a palavra aparece apenas sete vezes. Em Mateus (22,16): os discípulos reconhecem a verdade em Jesus (que não é, em nenhum momento, definida ou teorizada; sendo apenas apontada onde está). Em Marcos: (5,33) uma mulher diz a verdade ao confessar que tocou as vestes de Jesus; (12,14) repete o relato de Mateus; e (12,32) palavra sem maiores consequências no discurso de um escriba. Em Lucas: (4,25) o trecho é importante porque, nesse mesmo versículo, "Na verdade vos digo" aparece justaposta a "Amém vos digo", o que revela a profunda diferença de significado entre "amém" e "verdade", pois, no primeiro caso, aparece como elemento marcador inicial que demanda atenção a uma sequencial constatação universalista e, no segundo, "verdade" é usada para apresentar um fato de conhecimento público geral; (20,21) fala de um espião que, como preâmbulo a uma pergunta, reconhece o fato de que Jesus ensina segundo a verdade; e (22,59) usada novamente para constatar um fato de conhecimento público. Em nenhum momento, assim, os evangelistas sinóticos relatam ou revelam qualquer coisa que evidencie o significado absoluto da verdade.

Em João, em seu Evangelho teologal e profundamente diverso dos três anteriores, "verdade" aparece vinte vezes (1,17; 3,21; 4,23-24 e

5,33; duas vezes em 8,32 e 8,40; duas vezes em 8,44; 8,46; 14,6; 14,17; 15,26; 16,7 e 16,13; duas vezes em 17,17; 17,19; 18,37; e 18;38), mas, em nenhuma delas, a verdade é definida.

Data de, no mínimo, 11 anos antes do primeiro dos Evangelhos, a última das epístolas de Paulo; estas, inegavelmente, os textos fundadores do cristianismo. Mesmo que não se chegue a nenhuma conclusão acerca da eventualidade de suas cartas terem ou não inspirado ou, ao menos, orientado os quatro evangelistas, é fato que elas inauguraram a tradição cristã presente em todas as formas de expressão ao redor do mundo atual.

Acerca da *verdade*, Paulo também pouco revela. Apresenta somente o caminho para a verdade. Nesse sentido, a percepção mais arguta sobre as cartas de Paulo vem de Alain Badiou, na qualidade de comentador assumidamente ateu (e prosélito do ateísmo como "bom" comunista), que atribui a essa ausência de significado último a qualidade de genial (e talvez o único possível) recurso para o estabelecimento de uma predicação universal, que exige que a verdade seja subtraída de qualquer tipo de dominação comunitária. Disso decorre que, conforme assevera nosso Filósofo de Rabat, tudo o que é reputado como verdadeiro (ou justo; que acaba recebendo o mesmo significado) na doutrina paulina "não se deixa remeter a nenhum conjunto objetivo, nem do ponto de vista de sua causa, nem do ponto de vista de seu destino".[24]

Em linhas gerais, por se tratar [a verdade defendida por Paulo] de uma verdade subjetiva, ela deve ser, sob risco de nunca se alcançar a universalidade pretendida, indiferente aos costumes. Até mesmo porque suas missivas não são narrativas como os Evangelhos nem tratados teóricos: são recursos de comunicação militante para comunidades de convertidos.

Mesmo que algo se dissesse a título de definição da verdade como um bem em si, o que, insistimos, não ocorre em momento nenhum, também não é identificada, ao longo de todo o conjunto de textos,

---

[24] BADIOU, ALAIN. *São Paulo*: a fundação do universalismo. Trad. Wanda Caldeira Brant. São Paulo: Boitempo, 2009, p. 12.

nenhuma ordem para que os convertidos antecipem aos incréus o castigo divino nem para que ajam de modo impositivo com qualquer pessoa que seja.

Logo, ergue-se uma **quinta conclusão**: *o elemento da verdade não é mentira enquanto não é confundido com a verdade integral, sendo, contrario sensu, uma mentira tudo aquilo que dele se extrair a título de verdade integral; de maneira que a verdade se revela, na qualidade de um elemento (ou seja, parcialmente) difuso e indefinível, acerca daquilo que a pretensa verdade quer estipular, negativamente* (a verdade não pode estar no engano – mentira não deliberada – nem na mentira propriamente dita, restando que a verdade coincide, então, com toda e qualquer possibilidade imaginável – ou inimaginável – com exceção da mentira; quer dizer, a verdade é a hipótese de tudo e todas as hipóteses, inclusive irracionais, enquanto não existir definição; em resumo: **só não será verdade a definição da verdade**).

Para que a verdade alcance a universalidade (e esse é o objetivo primordial do cristianismo – sendo de rigor entender que a expressão *cristianismo paulino* é redundante), extrai Badiou de sua leitura de Paulo, ela deve ser algo que está em exceção imanente. Ela só se apresenta como exceção. Ou seja, na esteira do nosso raciocínio anterior, a verdade pode ser tudo, menos aquilo que qualquer homem ou coletividade humano defina como a verdade. Afinal, todos seremos surpreendidos pela verdade como quem é surpreendido com a inesperada chegada de um ladrão à noite (cf. 1Ts 5,2; apesar de, no Brasil, a hipótese de o ladrão não surpreender ninguém é fato que a metáfora significa: a verdade chegará quando menos se espera e de forma que não se imagina).

Daí decorre uma **sexta conclusão**: *porque confunde elemento da verdade com verdade, a verdade do estúpido é uma mentira*. De que é siamesa a **sétima conclusão**: *a estupidez nasce no engano e vive na mentira; ou seja, **o estúpido é um mentiroso**.*

Como síntese merecida, o pensamento do jovem Hegel logo nas primeiras linhas de seu Das *Leben Jesu*, segundo o qual "a razão pura, que não tolera nenhum limite, é a própria divindade. Segundo à razão, assim, é ordenado o plano do mundo em geral; é a razão que ensina o homem a conhecer o seu destino, a incondicionada finalidade de sua vida".[25]

O dedo cheirando a dinheiro suado que nos condena por nossa sexualidade – tema já encarado nos domínios da ciência e sobre o qual discorreremos biblicamente mais adiante –, é nada mais do que o dedo de um sujeito estúpido escorado na mentira.

A eles, como diria Santo Agostinho, foi negada a graça de se dissiparem as trevas da mente.

## O jogo perigoso que eu pratico aqui busca chegar ao limite possível de aproximação através da aceitação da DISTÂNCIA e do reconhecimento dela[26]

As redes sociais, verdadeiras redes de indignação e ressentimento, concretizaram a profecia de Umberto Eco; deram voz ao estúpido que, até então, estava condenado a resmungar no bar da aldeia. Havendo mais estúpidos do que sábios e estando, hoje, toda humanidade conectada, o coro da estupidez silencia a voz baixa, pernóstica e quase que solitária da sabedoria.

Mesmo não sendo uma doença mental, a estupidez é mais perigosa do que qualquer psicopatologia e toda incapacidade de agir, porque é um estorvo social indomável que acredita que tudo sabe, tudo pode e está visivelmente presente em todo lugar. Por isso, tememos que as luzes da razão se apaguem: enquanto a razão é limitada, a estupidez não tem limites; quando uma razão se coloca diante de outra razão, quando não formam uma terceira, uma das razões é excluída; já a estupidez contraposta a outra estupidez só se multiplica, transforma-se em um dragão de tantas cabeças ocas quanto as que se encontrarem, todas cuspindo fogo por onde passam.

---

[25] HEGEL, G. W. F. *Das Leben Jesu*: harmonie der Evangelien nach eigener übersetzung. Jena: E. Diederich, 1906, p. 1.

[26] *Fauzi Arap, op. cit.*

Pobre sujeito racional... Já anda cabisbaixo e desiludido por saber que, ao argumentar com dois ou mais estúpidos, o estúpido passa a ser ele.

Triunfa a estupidez depois do fenômeno das redes sociais, tal qual a decisão judicial transitada em julgado no famoso dístico de Scassia – ela, hoje, já faz do branco preto, origina e cria coisas, transforma o quadrado em redondo, altera laços de sangue e transforma o falso em verdadeiro. Tão verdadeiro que não causaria espanto se, respeitando--se uma enquete virtual com resultado contrário a tudo o que a biologia, a medicina e a farmacologia ensinam, um Sistema de Saúde de um país qualquer decretasse a obrigatoriedade do tratamento de um vírus com remédio para piolho.

Mas os estúpidos incautos dirão, com estúpido orgulho, que *estupidez é democracia*. Não estarão errados. Afinal, como ensinava nosso Mestre em Direito Constitucional, o Professor Manuel Gonçalves Ferreira Filho, *a democracia está em toda parte e a democracia não existe em parte alguma*. Verdade paradoxal que não a transforma em superstição, mas apenas reconhece que todo homem dela carrega uma intuição profunda.

Contudo, também não estão de todo certos os estúpidos que confundem a democracia com um apoplético direito à estupidez. Estupidez pode ser democracia em terra de estúpidos, mas também pode ser arbítrio no reino da razão. Melhor que seja, em qualquer território, uma mazela reconhecida e pronta para ser superada.

O alerta deve ser levado a sério, pois poderíamos dizer, inspirados em nosso querido Mestre (denominávamo-nos "ala manuelina" no nosso tempo de discência no Largo São Francisco), que *a estupidez está em toda a parte e, comprovadamente, não está ausente de parte alguma*: de norte a sul, de leste a oeste, da direita à esquerda, inclusive no centro, a estupidez toma as medidas mais estúpidas para que prevaleça; e, mesmo que pareça sob controle, ela espreita.

Decorre dessa hipótese, significada invariavelmente como tragédia anunciada, o dever civilizacional da defesa da razão (seja ela científica ou, destacamos, porque imperioso, religiosa): identificadas as manifestações da estupidez, a luta pelo discernimento se impõe; atenção, força e coragem são necessárias para o combate a proposições absurdas, preferencialmente no nascedouro, invocadas em nome de liberdades distorcidas e informadas pela confusão conceitual ou pela profunda ignorância malignamente explorada; liberdades distorcidas e manipuladas, juridicamente inconvenientes e injustificáveis porque, sendo o Direito a arte do bom e do justo (*Jus est ars boni et æqui*), abalam o ideal da justiça universal que, para nós, é resumido na famosa tríade do grande jurista romano Ulpiano:

I.   *Alterum non lædere* (não lesar ninguém);
II.  *Suum cuique tribuere* (dar a cada um o que é seu); e
III. *Honeste vivere* (viver honestamente).

Uma vez abandonada a razão, não haverá Deus que nos acuda ou direito que nos socorra.

A razão é sempre democrática; seja em um reino racional ou em uma aldeia de estúpidos, a razão nunca é excludente, ela é um eterno convite ao aprendizado, ao conhecimento, ao caminho da verdade (científica e, inclusive, religiosa). Mas há que se prender o vômito e, sem luvas, espremer e arrancar o carnegão da estupidez dessa miíase furunculosa do intelecto.

De qualquer maneira, a razão é capaz de conviver com a estupidez, pois convém vencê-la. Nisso está, aliás, a razão da sabedoria: mesmo ridicularizada, cuspida e chicoteada, ela age como o Jesus crucificado que olha para seus algozes e, surpreendendo a todos, diz: "Pai, perdoa-lhes, eles não sabem o que fazem" (Lc 23,24).

A estupidez, por sua vez, nunca suporta a razão. Nem poderia.

E, porque é dever da pessoa justa combater a estupidez, cumpre conhecermos a sua estética com propriedade para que ela não passe despercebida e se instale em ambiente racional contaminando-o.

SEGUNDA PARTE

# COMO VEIO

# TEORIA PURA DA ESTUPIDEZ

## Tabacaria

Hamlet retomou uma corrida além-mundial iniciada 1016 anos antes pelo Papa Gregório, o Grande (também chamado de "O Eleito" por Thomas Mann). O Santo Padre, hoje santo, no ano de 593, presenteou a humanidade pecadora do berço ao túmulo com uma nova esperança: o Purgatório.

Se, de Virgílio a Dante, os exegetas sempre divergiram sobre os mistérios que ocupam o espaço entre o Céu e a Terra, um deles foi revelado a queima-roupa com a inauguração do além-centro penitencial por aquele *Servus Sevorum Dei*: as almas arrependidas não mais seriam jogadas no velho barco de Caronte, que faz ponte fluvial, através do Aqueronte, entre a Terra e o Inferno (com desembarque no porto do Limbo para os procedimentos aduaneiros de *alemigração*). Expressado o arrependimento até o exato instante do último suspiro, à alma imortal desprendida da matéria se concede a densidade do éter com autonomia de elevação até o Purgatório.

Caronte envelheceu de tédio com as poucas almas que restaram para transportar – mesmo as almas não purgadas não retornavam para o terminal terrestre, uma vez que tinham sua densidade maculada e, assim, desciam para o Inferno por força gravitacional. E, dado que quase todos os homens se arrependem nos instantes finais, as almas frescas condenadas passaram a ser muito poucas. Perdeu, sobremaneira, seu interesse pela humanidade... Nem chegou a tomar conhecimento da hipótese científica de Hamlet que mudaria a sua existência.

Deprimido e só trabalhando às sextas-feiras, assim se arrastou Caronte por quase 1400 anos terrenos até que, para a sua eterna felicidade, a alma de Aristóteles Sócrates Onassis comprou seu barco e os direitos de translado, de modo que não precisasse passar pela alfândega *hadesíaca*. Para tocar o negócio, contratou o próprio Hades que, desde que foi despejado por Satã, vivia de favor na imunda casa de seu doente pai que sofria de terríveis crises de vômito. De quebra, trazia da Terra informações sobre os mistérios que existem entre este planeta e o Céu. Assim, as duas entidades gregas passaram a explorar o espaço sugerido por Hamlet.

Já exaustos das sucessivas e infrutíferas investidas, estavam prestes a desistir de tudo – especialmente depois do vexaminoso episódio no qual assombraram um libanês para encontrar petróleo em São Paulo. Na busca saideira, veio o inesperado: encontraram uma ampla área aberta na altura do limite da camada de ozônio espacialmente referenciada sobre o Monte Sinai. Era o primeiro buraco nesse escudo terrestre; feito pelo próprio Senhor e que servia como mirante da criação. A área estava abandonada.

Ali, Pedro – um pouco menos entediado que Caronte também desde a criação do Purgatório por seu sucessor – costumava negar Cristo às almas penitentes que, invariavelmente, descobriam essa zona livre quando fugiam para o Céu. Em sua inspeção diária daquele lugar inútil, encontrou a dupla grega. Antes que dissesse "Chispais!", o persuasivo Onassis convenceu o Apóstolo a interceder pela criação de uma tabacaria no local. O velho magnata *alemportaria* fumo turco e Caronte se encarregaria de cuidar para que as almas celestiais tivessem passe livre ao mesmo tempo que impediria o avanço das purgantes e condenadas, que só poderiam acessar a área de fumantes mediante prévia autorização de seus encarregados.

No dia da inauguração (e não sabemos quanto tempo profano se passou entre a chegada de Onassis e o erguimento da estrutura; mas se sabe que, neste dia, Pedro estava festivamente radiante e o estabelecimento todo enfeitado com bandeirolas confeccionadas por Volpi), não havia alma mais espirituosa que Fernando Pessoa. Desde então, ali, na *Olympic Tabacaria*, aconteceram os encontros mais desconcertantes e os diálogos menos prováveis da eternidade.

*Num meio-dia de fim de primavera secular,* Pilatos conseguiu licença para fumar. Chegando na Tabacaria, pediu um cigarro à primeira alma que avistou. Ao lado de um cinzeiro lotado, Pierre Bourdieu, como boa alma francesa, cedeu um de seus cigarros ao romano como tributo ao latim de seu povo terreno.

Como em uma tela de natureza morta, aquelas almas fumantes – já desencantadas depois do passamento (única certeza em suas vidas passadas e lacre já rompido do mistério da existência) – em suas eternidades secas com entusiasmo muito aquém ao da cadela Baleia, compunham a pasmaceira daquele cenário que, contudo, foi quebrada para surpresa geral naquele "dia": um inesperado séquito de querubins-batedores abria caminho e escoltava Jesus Cristo.

Fumando para contrariar o Pai, que escondera o seu cálice na última ceia que tiveram – obrigando-o, sem que ninguém percebesse, a transformar a própria saliva em vinho –, o Ungido seguia acompanhado por São Tomás de Aquino e, ambos, foram direto para a área VIP (até porque Jesus era a única pessoa naquele plano espiritual desde a sua ressurreição – Maria, aliás, também estava no Reino de corpo e alma, mas não se dava com os fumantes desde que achou uma carteira de cigarros na pilha de túnicas do Filho).

O santo filósofo insistia sobre a possibilidade de Jesus voltar à Terra e ampliar o conteúdo da Revelação aos homens. No limite daquele antigo mirante, o Padre da Igreja apontava para sacerdotes estúpidos que vendiam a fiéis estúpidos uma verdade divina estúpida. Não conteve o riso quando mostrou as embalagens vazias empilhadas em uma gôndola de verdades distintamente semelhantes e fabricadas por entidades religiosas concorrentes. O sábio de Roccasecca ainda chamava a atenção para a atitude dos fiéis infelizes compradores que, tendo deixado de comprar o pão, encontravam na embalagem do produto uma filipeta com dizeres em *glossolalês* que não compreendiam, mas criam ser uma procuração outorgada pelo próprio Deus em edição limitada, como se fosse um artista a produzir litogravuras, conferindo plenos poderes para julgar os vivos e conspurcar os mortos.

O santo, que parecia determinado a exterminar a estupidez da face da Terra, rogava ao Senhor que revelasse a verdade de uma vez por todas. A fim de convencê-Lo, disse ao Mestre com toda ternura e reverência:

– *Relinquitur quod ultima hominis felicitas sit in contemplatione veritatis.*[27]

Jesus Cristo nada respondeu. Permaneceu calado, enigmático, absorto.

Pôncio Pilatos, hipnotizado com a cena, mal percebeu que a brasa do cigarro desperdiçado chegava aos dedos. Impaciente, agitou-se pelo fato de que, por ser alma condenada ao sétimo círculo do Inferno, não conheceria a verdade jamais. Não tendo nada mais a perder, em nome dos velhos tempos, gritou:

[28] *תמאה איה המ*

O grito quebrou o transe do Messias, que torceu o pescoço para Pilatos, sorriu, cansou, não se deixou tentar no deserto de seu pensamento pelo pobre diabo e seguiu calado.

Terminado seu último cigarro, Bourdieu levantou-se e percebeu a ira em cada expressão de Pilatos. Compadecendo-se, deu dois tapas no ombro do antigo governador e, antes de se retirar, confidenciou-lhe:

– *S'il y a une vérité, c'est que la vérité est un enjeu de luttes*[29].

## Objeto e natureza

A estupidez é um fenômeno imaterial que pode resultar em um número indeterminado e indeterminável de ações material e moralmente

---

[27]  *A felicidade última dos homens está na contemplação da verdade.*

[28]  *[/Ma by hemét/] O que é a verdade?*

[29]   *Se existe uma verdade é que a verdade está em jogo nas lutas.*

danosas ao seu hospedeiro e a terceiros. Ela se forma a partir da sistematização de ideias que gravitam em torno de desejos primordiais e racionalmente insustentáveis a fim de justificar a tomada daquelas ações que têm por finalidade impor tais desejos ao mundo fenomênico. Tais ações inumeráveis que se irmanam nesse fenômeno passam, assim, a ser predicadas (e registramos nossa dificuldade para dizer "qualificadas" mesmo no frio campo da lexicologia) como estúpidas.

Apesar das, lamentavelmente, infinitas formas de manifestação, a tarefa de definir a essência da estupidez revela, para Robert Musil, uma dificuldade comum a todos os casos: separar aquilo que é intelecto daquilo que é sentimento dentro do conceito de inteligência. Contudo, tal dificuldade foi paulatinamente matizada – encontrando-se, hoje, superada – desde o momento em que a Psiquiatria começou a se firmar como ciência médica propriamente dita em meados do século 20 – o escritor austríaco, morto em 1942, não pôde ver resolvida sua questão, muito embora tenha contribuído sobremaneira para o debate.

A estupidez só pode ser analisada quando manifestada – fato que, genericamente, se materializa de duas formas: (*i*) pelo advento de ação impositiva dela decorrente; ou (*ii*) pela confissão da estupidez. Portanto, nós, que não somos terapeutas, só podemos apreender o fenômeno através da verificação de qualquer ação deliberada que seja danosa e alegadamente justificada por um sentimento equivocadamente racional ou socialmente inconveniente.

A estupidez tem início nos domínios da reserva mental do sujeito, no qual ela é fenômeno personalíssimo insondável e, portanto, inexplicável no seu silêncio omissivo. Inicia-se de um pensamento intimíssimo e possível, em teoria, a qualquer ser humano dotado de imaginação. Porque o pensamento pode se resumir a uma mera visualização mental – uma ideia desconexa, impossível, improvável, fantasiosa, doentia, grotesca, ilícita ou inconveniente originada pelo sentimento, mas que surge e pode terminar (entre tantas outras a cada momento) como hipótese não elaborada e sem maiores consequências –, ele não se identifica com a estupidez (embora seja uma ideia, um pensamento estúpido).

Na outra ponta, a estupidez termina quando tem início a respectiva ação por ela justificada: com a revelação do sentimento estúpido inicial, quer dizer, fenomenizado na ação tomada para satisfazê-lo e que, apesar de resultar da estupidez e ser qualificada como ação estúpida, com ela não se confunde; razão pela qual a identificação da ação estúpida com a estupidez só é possível como figura de linguagem, ou seja, metonímia.

Onde está, então, a estupidez?

A partir da noção kantiana de fenômeno, a estupidez não está nem na ideia estúpida oriunda do sentimento, que é desejo (o apetite esconjurado por Platão ou, na definição de Levinas, *a infelicidade do feliz*), nem na ação estúpida de satisfação dessa vontade estúpida.

Primeiro, não somente porque *ideia* (desejo) e *ação* (realização do desejo) não são estúpidas para o estúpido (como na máxima psiquiátrica primordial, as loucuras não são encaradas como tal pelos loucos), mas também porque é inegável a divinal potencialidade humana da imaginação infinita (e o absurdo tem sempre sentido para alguém), bem como por estarmos, todos nós, sujeitos a acidentes (e acidentes, por definição, não são premeditados).

Segundo, pela possibilidade de uma ação estúpida ser idêntica a uma outra ação – entre os mesmos agentes ativos e passivos dentro de igual circunstância fática (embora não motivacional) e com idêntico resultado objetivo – que não seja estúpida (desde a já mencionada ação acidental até ações de legítima defesa ou desobediência civil). Por exemplo, imaginemos uma pessoa na iminência de sofrer um assalto por alguém que insinua portar uma arma de fogo no bolsão do casaco. Imaginemos, ainda, que a potencial vítima esteja armada, mas de modo imperceptível ao assaltante. Consideremos, também, que essa vítima potencial só tenha, no bolso, uma única nota de duzentos reais. Assim, partimos para as hipóteses:

(*a*) mesmo armada, a presa pode optar: (*a.1*) por entregar o bem, cujo valor não se compara ao risco de um enfrentamento possivelmente fatal; ou (*a.2*) atirar no assaltante, puxando o revólver ao invés de tirar o dinheiro do bolso. Aqui, nenhuma das ações é identificada como estúpida.

(b) sendo o assaltante preto e a vítima um notório racista: (b.1) a entrega do bem pela vítima continua longe de expressar estupidez; mas (b.2) se a vítima – que poderia até, em algum momento no passado, ter declarado no *Twitter* seu desejo pela morte dos pretos – reagir com um tiro, tal ação só será estúpida a depender da confissão sobre a motivação racista desse tiro; quer dizer, essa ação, objetivamente, não pode ser considerada estúpida, uma vez que, sem a revelação do racismo nessa hipótese específica, o conjunto fático, a circunstância perfeitamente subsumida em legítima defesa e o quadro objetivamente considerado afastam a estupidez como comando da ação.

Observando pelo prisma contrário, uma ação que, objetivamente, parece estúpida (de repente, toda cerveja de um copo na mão de um homem é derramada no vestido de uma mulher; ou, enquanto uma mulher fala, um homem faz movimentos indecentes com a língua), pode não ser, de fato, estúpida quando se demonstra que o quadro foi acidental: o rapaz pode ter tropeçado e, sem que pretendesse, lavado a moça; e, no segundo caso, o garotão poderia estar tratando paralelamente de outro assunto (possivelmente até mesmo mostrando para um outro interlocutor, que não aquela garota, suas destrezas orais homossexuais) sem sequer perceber que a donzela estava falando com um terceiro no mesmo ambiente.

Excluída do momento inaugural do pensamento estúpido (desejo) e do momento final da ação estúpida (ação de imposição do desejo), a estupidez, como fenômeno, é uma coletânea de ideias, estúpidas ou não, conexas ou desconexas, mas relacionadas ao tema da ideia estúpida primordial (desejo), que se sistematizam na ordem cognitiva do sujeito estúpido e, uma vez ordenadas essas ideias, de modo que ofereçam à intelecção qualquer lógica aparente na qual as desvantagens da tomada da ação danosa proibida ou inconveniente são menores ou irrelevantes diante da satisfação do apetite inicial ou da vaidade moral, promove a deliberação para, a partir deste momento, iniciar a sua realização (ação; meio de imposição do desejo; exteriorização do fenômeno da estupidez).

Porque acarreta dano (material – patrimonial ou físico – ou moral) para o próprio sujeito estúpido, para qualquer terceiro ou para uma população inteira, a estupidez corresponde, assim, a uma desvirtude (uma falha moral) que é autorizada e passa a ser compreendida pelo estúpido como uma virtude no exato momento em que é justificada no final do processo de sistematização e ordenação das ideias que gravitam ao redor do seu desejo – momento este que marca o surgimento de uma ética estúpida (uma moral falha).

Desse modo, a estupidez é o processo que resulta na transformação de uma desvirtude em uma virtude aparente e que é capaz de permitir ao estúpido perseguir e realizar seu desejo primordial a partir de ideias mal compreendidas ou mal formuladas. Ou: *a estupidez é o processo mental deficitário da jurisdição interior (perscrutadora de todas as intenções) que transforma um vício (falha moral) em aparente virtude (moral falha).*

Essa moral anômala se identifica na incapacidade de resistência ou recusa da ideia que se manifesta como desejo inconveniente, pois, ensina Levinas em *Totalité et Infini*, a vontade – que deve ser interpretada "a partir da ambiguidade do poder voluntário que se expõe aos outros no seu movimento centrípeto de egoísmo" – que se recusa à vontade estranha (desejo inconveniente) é aquela capaz de "reconhecer essa vontade estranha como absolutamente exterior, como intraduzível em pensamentos que lhe seriam imanentes", haja vista que a essência do outro não pode estar contida em nós da mesma forma que a nossa não pode estar contida no outro; e, mesmo que divergentes, ambas são igualmente nobres, de forma que é impensável que sejam reduzidas, uma vez que o pensamento é infinito e deve ser reconhecido como tal. Esse reconhecimento, conclui o filósofo, "não se traduz de novo como pensamento, mas como moralidade"[30]. Moral legítima portanto.

---

[30] LEVINAS, Emmanuel. *Totalidade e infinito*. 3. ed. Trad. José Pinto Ribeiro. Lisboa: Edições 70, 2020, p. 227.

ESTÉTICA DA ESTUPIDEZ

Esse processo (estupidez) que dá vida (ação estúpida) à ideia (desejo estúpido) é mais ou menos complexo nos domínios do intelecto, a depender da formação e da expressividade (numérica e simbólica) de coletividades identitárias que gravitam em torno dessa ideia, de forma que grandes grupos servidos de símbolos legitimados por certa tradição ou líderes carismáticos têm o poder de subverter o processo já racionalmente subvertido que é a estupidez. Assim, nesses coletivos, o processo é subvertido em dogma irresistível validado pela psicologia do grupo; ou seja, o procedimento mental da busca e da harmonização aparente de argumentos a fim de validar a ideia (o processo que define a estupidez) é interrompido logo no início, abreviando-se o exercício cognitivo que, então, transforma a estupidez em um processo híbrido: o que, *a priori*, é um processo autônomo (sendo intrínseco o *risco* de frustração do desejo estúpido, já que os homens honestos e de bem não esgotam o sentido de suas existências, não reduzem as suas essências aos seus desejos), passa a ser um processo predominantemente hete-rônomo (aumentando sobremaneira a probabilidade da ocorrência da enormidade que é a ação estúpida).

Importa dizermos, ainda, que a estupidez, nos casos nem tão excepcionais de *desexcelente* excelência do grupo, pode até mesmo deixar de ser um processo quando a devoção ao símbolo coletivo é absoluta; aceita de maneira fanática, a estupidez se confunde com o próprio símbolo, cujo poder inibe qualquer autonomia intelectiva do indivíduo sectário, que é por ele substituída como fundamento último, argumento heterônomo irresistível, seja através de sedução ou de ameaça – o que, a partir do pensamento de Levinas, podemos resumir como violência, porque é corrupção do interstício que separa a obra da vontade, fazendo com que a vontade se traia. Como exemplo inescapável, a banalização do mal por uma inimaginável coletividade nacional em torno do símbolo do *Führer*.

De toda forma, seja identificada como processo autônomo, híbrido ou símbolo, a estupidez invariavelmente revela um renitente estado mental solipsista, que desemboca no sentimento de superioridade e de domínio da verdade da raça (egoísmo e vaidade) – que, como tradição, chega a clamar por qualquer retrocesso (religioso, social, linguístico, artístico ou científico) –, evidenciando que outra não poderia ser a sua natureza senão puramente moral (mas de uma compreensão equivocada da moral, porque parte do desrespeito ético; em outros termos, *a estupidez é esquizofrenia moral decorrente de irresponsabilidade ética* – na qual, a partir do conceito de Bernard Williams, a ética equivale ao respeito próprio individual e a moral ao respeito pelo outro, de modo que as éticas coexistam harmonicamente).

A título de ilustração, no caso aplicado da homofobia (que, hoje, se desdobra no termo transfobia), seja pela falta de substrato científico a caracterizar a homossexualidade como patologia de qualquer natureza, seja pela raiz da problematização da sexualidade como pecado, a natureza dessa espécie de estupidez, aqui revelada na forma de preconceito, sempre foi moral.

Em que pese a importância do reconhecimento da sua natureza, interessar-nos-á principalmente a descrição que fizemos do objeto, uma vez que é a partir dele que passaremos à análise estrutural da estupidez, de maneira que possamos isolar a estrutura imanente e comum a todas as formas de sua manifestação.

## Dinâmica

A estupidez, como vimos, é um fenômeno moral-mental que parte de um sentimento estúpido para uma ação estúpida, mas que, com eles, não se confunde. Tem início no fim do desejo estúpido – quando, se ele não é reprimido e descartado, acumulam-se ao seu redor outras ideias que procuram, aleatoriamente, ordenar-se até fornecerem um sentido aparente que permita a deliberação acerca da sua exteriorização – e termina com o início da ação impositiva que revela aquele desejo.

O ponto crítico da estupidez, a fase desse processo que mais nos preocupa – a nós, homens de criatividade ilimitada –, portanto, é o seu momento final, o da deliberação pelo sujeito. Nesse ponto, é inevitável concluirmos que, quanto maior o conhecimento adquirido, quanto mais dotada de curiosidade (abertura) ou de razão for a pessoa, menor a chance de êxito da estupidez, ou seja, mais remota a possibilidade de uma deliberação que permita um desejo estúpido ser transformado em ação estúpida. Inversamente, quanto mais negligenciada for a cognição, maior a probabilidade de triunfo da estupidez.

Se, entre os termos antigos que se referiam à loucura, podíamos encontrar *estúpido*, essa identificação não tem mais passagem hoje. O estúpido é aquele que delibera, pois tem capacidade de escolha e ação (autonomia da vontade). Em um primeiro momento, ele sabe que se trata de estupidez; mas ele mesmo se convence do contrário por sinapses biologicamente sadias (mas intelectualmente anêmicas) e delibera a ação como um mal necessário. Sabe, em resumo, que sua ação é, objetiva e impessoalmente, um mal – só é um bem dentro da sua lógica subjetiva deficitária no momento da deliberação: reconhecido empiricamente como mal durante todo o processo, trata-se de um mal menor se comparado ao motivo primigênio; e, na tomada de decisão, "evolui" para *mal necessário* (vale dizer, um bem).

Por outro lado, aquele que é mentalmente incapaz – doente; não dotado de autonomia da vontade – não pode deliberar de forma químico-biologicamente adequada. Para ele, desconhecedor da moral, a ação não tem juízo de valor sopesável, bastando-lhe o sentimento primígeno; razão pela qual se descarta a possibilidade de análise sobre vício ou virtude da ação – sendo de se destacar, até mesmo, que é mais nobre que qualquer sujeito estúpido a pessoa acometida de deficiência mental. A estupidez, por fim, pode ser confundida sempre com o estado intelectual primordial, seja por ignorância continuada, seja, ainda, por alguma deficiência sentimental ou emocional (não cognitiva portanto) que, com raras exceções, pode ser controlada através de fármacos, terapia ou boa literatura.

Todavia, apesar dos planos de saúde, da distribuição gratuita de remédios e das bibliotecas públicas, além da disponibilidade *online* dos grandes clássicos já em domínio público – e a despeito de eventual ignorância fanática, de ideologia ou fé em uma renúncia consciente e total do desenvolvimento intelectual –, persiste um sentimento indomável tão antigo e mais consistente que a fé; um sentimento inabalável e preocupante sobre o qual já alertava Salomão em sua sabedoria (sabedoria que, talvez, ele não soube[31]): "Vaidade de vaidades. Tudo é vaidade!" (Ec 1,2).

## *Insumo*

Fora dos domínios da insânia clínica, a estupidez domina o homem que foge do conhecimento por qualquer razão, desde a mera falta de curiosidade (que poderia refletir um quadro depressivo) até uma forte convicção filosófica ou metafísica de um *não saber*. Como que em uma escala intelectual que parte da incapacidade absoluta (como daqueles que estão em estado vegetativo) e vai até a invejável intelectualidade do nosso querido Professor Celso Lafer, a estupidez é o fenômeno que faz empacar a caminhada evolutiva nessa escala ou que, atraindo para um atalho inexistente, convence o caminhante a dar meia volta.

Ao passo que a forte convicção personalíssima é fenômeno raro, é comuníssima a via do engano, que exige muito menos que o estado místico e gratuito da verdadeira fé – até porque a fé é um estado edificante; não está além nem aquém na escala intelectual que descrevemos, está acima (ao passo que a fé estúpida, porque não é fé, está aquém).

---

[31] Fazermos tal comentário em razão de, além da certa pseudoautoria do versículo, não existirem escritos que sejam comprovadamente do Rei Salomão. Nesse sentido, merece menção, uma vez mais, o pensamento de George Steiner: "Em termos populares, o Eclesiastes (*Qoheleth*) é o curinga de nosso baralho. Aqui, novamente, a importância desse tratado contrasta com o pouco que sabemos sobre como e quando foi escrito. O terceiro século antes de Cristo parece plausível. Alguns estudiosos chegam a identificar até quatro autores diferentes. (...) Esse pode ser o único caso do Antigo Testamento no qual a possibilidade de contato com o pensamento grego, principalmente com os filósofos céticos e com os cínicos, parece provável. A dialética externa é evidente: a existência mundana onde 'tudo é vaidade'". (Op. cit., p. 100)

ESTÉTICA DA ESTUPIDEZ

Se uma crença legítima demanda fé – e a fé pressupõe considerável convencimento conforme a noção paulina de πίστις (*pístis*) –, mesmo que a estupidez seja um fenômeno que produz crença, essa crença é ilegítima porque se baseia em equívoco racional, podendo-se concluir que ela, então, dispensa a fé para existir.

Logo, ao passo que o crente científico é estúpido porque não compreende a essência do *método*, o crente religioso será estúpido quando não compreender a essência da *fé*. Dessarte, sendo o *método* a fé da ciência e a *fé*, por sua vez, o método da religião, serão invariavelmente estúpidas toda ciência sem método e toda religião sem fé. E, uma vez que tanto a ciência quanto a religião operam no campo do convencimento (a aceitação de uma hipótese como a mais convincente dentre todas as outras), a estupidez, quer do cientista quer do religioso, comprova-se na alegação da certeza (a aceitação absoluta de uma hipótese ignorando as demais).

Mas essa crença estúpida exige, além do desejo originário sobre determinado assunto, um outro sentimento (de fácil cultivo, bastante acessível e estupidamente democrático) para que não esmoreça: a vaidade – e, na seara religiosa, há quem confunda a vaidade com a fé (inclusive para satisfazer uma vaidade de não ter que reconhecer a própria incompreensão mística); o mesmo acontece no campo da ciência aparente quando a vaidade sufoca o método. Dispensando o convencimento, a vaidade requer apenas qualquer incentivo periódico, mesmo que mínimo, para existir. Quanto maior o incentivo, maior a vaidade, que é um insumo da estupidez.

Por esse motivo, o fenômeno das redes se torna ainda mais preocupante: conectando estúpidos que, antes, talvez nunca se encontrassem, formou e solidificou comunidades de acordo com o objeto da estupidez, que são, por eles, furiosamente defendidas com robusta e viril violência de aparente disposição assassina verbal logo após o jantar preparado pela vovó. Verdadeiros *gogó-gladiadores* que penteiam seus angorás enquanto são arranhados e lutam, intrépida e anonimamente, vestidos da armadura de apelidos virtuais que lhes conferem alguma centelha da hombridade que lhes foi negada até no nome de batismo. Duelam pela hegemonia da sua estupidez sobre a de outras comunidades enrustidas e igualmente estúpidas que insistem, com a arrogância peculiar da estupidez, que a estupidez do inimigo é que é estúpida.

Como a guerra só pode terminar, nessa arena das redes, quando o vencedor provar que não é estúpida a estupidez que estupidamente defende e o inimigo estiver silenciado (mesmo que ele siga acreditando que *foi golpe*, ou seja, que a sua estupidez não é estúpida), temos razões para desconfiar que voltaremos a um estágio de desenvolvimento intelectual geral que pode se equiparar àquele das populações miseráveis do medievo. Enganam-se aqueles que, ao refletir sobre essa conflagração insana pelo prisma da razão, não acreditam na possibilidade de uma catástrofe involucionista julgando ser apenas uma discussão sem fim pelo fato lógico da impossível justificação conceitual da estupidez. Enganam-se porque resistem ao fato da explosiva atração pornográfica entre estupidez e vaidade.

Reunidos e hipnoticamente presos, há mais de uma década, em bolhas epistêmicas (ou câmaras de eco) em suas redes sociais, nas quais são reverberadas apenas opiniões convergentes, que funcionam como fonte de incentivo mútuo e de fluxo contínuo que alimenta a vaidade dos participantes, a estupidez encontrou terreno fértil e cultura perfeita para a sua exponencial multiplicação. A estupidez tornou-se pandêmica.

Naturalmente vaidosos, os estúpidos recebem, com as redes sociais, injeções regulares e diárias de vaidade tipo C, de modo que o *tamanho* da vaidade do estúpido é diretamente proporcional ao número de estúpidos que professam a mesma estupidez. Inflada a vaidade a ponto de explodir, a estupidez se torna, por maioria de votos, não só o norte de todo grande debate público levado a cabo por debatedores nanicos, bem como a expressão da ética social a encorajar, cada vez mais, o estúpido que se esquece de um passado no qual a sua estupidez somente feria o ambiente do seu próprio pensamento tosco, quando se sentia massacrado como indivíduo – porque, individualmente, sempre foi, ainda é e, pelo resto da vida, será um covarde; mas, coletivamente, é capaz de desempenhar todas as ações de constrangimento alheio –, pois, agora, goza do sentimento de nobreza e glória como membro de uma comunidade numericamente maior.

Disso decorre que o antídoto da estupidez é a modéstia.

## *Defensivo*

Uma famosa lição publicada há dois séculos problematiza o reconhecimento da modéstia, uma vez que, ainda hoje, ela sacia a vaidade dos estúpidos e, assim, faz com que desprezem esse único defensivo disponível e eficaz: com a mesma vaidade do rei estúpido que desfila estupidamente nu com a banguela de fora por ter sido enganado pela estúpida inteligência do alfaiate charlatão, o estúpido digital hodierno, municiado com o trecho de um livro de Schopenhauer que nos *roubou e nunca leu* – e, porque sequer sabe o título, arrisca dizer que é aquele de capinha branca –, com dedo em riste dirá: "A modéstia é uma humildade hipócrita pela qual um homem pede perdão por ter as qualidades e os méritos que os outros não têm".

Não sabem esses estúpidos que, referindo-se a todos eles que têm capacidade limitada, o filósofo esclarece que a modéstia deixa de ser humildade hipócrita e passa a ser definida como pura expressão da honestidade.

Pobres estúpidos... Ou pobres de nós?

Afinal, em sendo a honestidade expressão dos homens de bem, outra conclusão não se permite senão a da calamitosa situação de estarmos rodeados de estúpidos imodestos, ou seja, gente desonesta que, acreditando estupidamente que toda modéstia é uma humildade hipócrita, busca, contrapondo-se ao conhecimento de quem lhe desagrada, demonstrar sua elevada e superior espiritualidade cristã que não tem através de um autodiagnostico, hipocritamente modesto, cujo procedimento consiste em levar a mão direita ao peito e, estúpida e orgulhosamente, anunciar-se portador da *humildade*.

Parafraseando Schopenhauer, definimos a humildade do estúpido como a modéstia hipócrita pela qual um homem exige aceitação por não ter nenhuma das qualidades e méritos que qualquer pessoa honesta tem.

Na falta da benfazeja expertise para a devida dosimetria do antídoto, esta substância salvífica da modéstia acabou sendo dada como veneno e substituída pela droga da humildade arrogante, cujo efeito, tal qual a cocaína, só fermenta a vaidade. Esse verdadeiro estupefaciente é prescrito pela argúcia soberana da inteligência maléfica daqueles que, reconhecendo a estupidez como tal – mas a reconhecendo somente no mais absoluto sigilo do mais profundo e íntimo recôndito da reserva mental –, recorrem e constroem, a partir de sólida erudição ou através de habilidosa erística, um saber estéril e cristalino como o Orvalho no Carvalho, mas verossímil ao estúpido inconsciente de modo que ele se sinta doutor de sua estupidez, que fica predicada, agora, como ciência ao mesmo tempo que a ciência passa a ser reconhecida por esse estúpido como estupidez.

Justificado, ainda, pela estúpida compreensão de que a liberdade de opinião significa também impositividade do pensamento estúpido, o sujeito estúpido acredita na sua autoridade estúpida para, "humildemente", corrigir a conclusão científica de alguém agraciado com o Prêmio Nobel; contraponto ao argumento científico, por exemplo, a certeza sobre boatos estúpidos a respeito da vida sexual do cientista que chegaram ao seu "conhecimento" através de alguém desconhecido que, por sua vez, teve como fonte um sujeito anônimo que, sem querer, escutou uma conversa entre dois almirantes da marinha boliviana que assumiam ter ouvido falar dos fetiches do difamado.

### Safra

Se o fato que acabamos de expor pode ser confirmado por qualquer pessoa intelectualmente honesta (seja ela erudita ou não, mas que, por modéstia genuína, reconhece suas limitações acerca de um

## ESTÉTICA DA ESTUPIDEZ

conhecimento mais amplo, profundo ou especializado, destacando-se mais ainda quando revela a virtude da curiosidade, que, por sua vez, indica o legítimo anseio de desenvolvimento humano – pois o diferencial humano entre os seres viventes repousa no domínio do intelecto), podemos concluir que a estupidez é causa de um sem--número de manifestações pessoais no mundo fenomênico que podem ser divididas em cinco grandes grupos específicos:

(*i*) *preconceito*: solipsismo decorrente de enrustimento;

(*ii*) *revolta*: solipsismo advindo de ressentimento (manifestando um preconceito às avessas);

(*iii*) *violência pura*: a violência gratuita decorrente do prazer na violência – quer dizer, por simples quebra do preceito jurídico *neminem lædere* imanente ao ideal de justiça e indispensável à harmonia de qualquer grupo social – justificada por solipsismo baseado em qualquer outro sentimento que não enrustimento ou ressentimento;

(*iv*) *comodismo*: hipótese de solipsismo passivo identificado no ato de qualquer tolerância, ou seja, assentimento tácito a tudo, inclusive à ação estúpida alheia que se presencia ou, ainda, em ação inegavelmente negligente que colabore para a disseminação da estupidez; e, acrescentamos, por último, um grupo que pode se sobrepor aos demais e coordená-los isolada ou conjuntamente:

(*v*) *exploração*: que se dá através da defesa político-jurídico--filosófica, existencial ou metafísica ou, ainda, da promoção das formas de manifestação anteriores, e pode se subdividir em: (*v*.1) *sincera* – quando a inteligência desconhece a estupidez, mas é naturalmente persuasiva e carismática a ponto de formular razões que satisfaçam a demanda intelectual de seus correligionários (ou seja, a inteligência comunga a estupidez e, assim, fomenta a estupidez como se estupidez não fosse); ou (*v*.2) *premeditada* – caso da inteligência abusiva e despótica que empresta sua destreza manipuladora e doutrinária a ideias e causas que, embora nunca o admita, reconhece como estúpidas (única hipótese de ausência de solipsismo, uma vez que, ao contrário do que defende em público, o explorador premeditado sabe que aquilo que defende não é razoável nem verdadeiro, mas assim procede pelo desejo de destaque, liderança e domínio ou, simplesmente, como meio de vida), desprezando, inclusive, a capacidade intelectiva daqueles que lidera.

Como percebemos, estupidez e solipsismo se confundem praticamente em todos os casos, o que exige trazermos rápida informação ao leitor que, certamente, não está familiarizado com o termo: mesmo que nunca tenha se deparado com essa palavra tão antiga, certamente o leitor vai reconhecer a importância de saber do que se trata, pois o solipsismo é mal que afeta a todos nós (no papel de agentes ou de vítimas).

Filosoficamente, solipsismo é a doutrina que prega o *eu empírico* como única realidade. Que isso quer dizer? O solipsista propõe que a única realidade existente, a única verdade e razão das coisas, parte da compreensão que ele tem de todas as coisas e da sensação que ele tem delas. Todo o resto do universo (no qual estamos nós, vocês e todas as outras pessoas, bem como os animais, os vegetais e as demais coisas), na mais literal qualidade de resto, é coadjuvante na trama da vida do solipsista, que pensa ser, simultaneamente, o roteirista e o grande protagonista do seu tempo de existência.

Definir a estupidez como solipsismo é, assim, a nossa maneira de dizer aquilo que Kant já desvendou em sua *Kritik der reinen vernunft*: a estupidez é deficiência de um dom natural humano, qual seja, o de saber como aplicar o geral ao particular, de forma que o estúpido é incapaz de travar o complexo diálogo sem voz consigo mesmo e, menos ainda, de vencer a guerra intestina do seu pensamento autônomo com o senso comum.

Por exemplo: porque o solipsista acha que crianças deficientes significam justo castigo divino para alguma infidelidade conjugal dos pais, ele acredita que todo o resto da humanidade deve entender da mesma maneira (e, quem assim não percebe o fato, deve ser corrigido). O exemplo se repete com o racismo, a homofobia e toda sorte de preconceitos e ressentimentos, de modo que não escapam desse mal também os seduzidos pela luta de classes, pela ideologia de gênero e pela terribilidade de Jesus.

O mundo e a razão devem, enfim, se curvar ao que o solipsista entende – e ele entende aquilo que lhe parece; de maneira que, mesmo que elementos da verdade colidam ou sinalizem rota de mudança à sua compreensão, o solipsista insiste somente naquilo que lhe interessa, falseando a realidade para satisfazer a sua vaidade. Afinal, o que é falso requer o aparente para existir. Porque é aparente, requer a imposição para sobreviver. Eis a dinâmica da estupidez.

## Estética da estupidez

De posse da equação para a dinâmica da estupidez (*imposição da aparência para a sobrevivência do falso como verdadeiro*), passemos à análise da sua estética.

Para essa empreitada, convém condensarmos tudo o que discutimos neste capítulo teórico em uma imagem que, para que possa ser construída, contamos com a vossa gentil colaboração.

Imagine, persistente leitor, o seguinte acontecimento: um mecânico abre o capô de um Kadett GLS 98 e, com jeitinho, substitui o motor de fábrica por um Rolls-Royce. Imagine, na sequência, que o mecânico, já no assento do motorista desse Kadett, dê partida e acelere o carango. Os dois atos revelam muito.

### *Impostura estética*

Grosso modo, em que pese significativo e conflitante embate filosófico, a Estética pode ser apresentada, em linhas gerais e conforme seus contornos originários clássicos, como a Filosofia do Belo.

Em sã consciência, o Belo, como tal, é naturalmente reconhecido, uma vez que ou existe beleza ou não existe. A despeito de formas ou gradações, o elemento da beleza se impõe da mesma maneira que aquela verdade que não se define a não ser através de seus respectivos elementos.

Dizer *Estética da Estupidez*, portanto, é falar de uma Estética falsa. Trata-se da *Filosofia do Belo que não é belo, mas que também não é completamente feio e que pode parecer belo para um público específico*. Podemos definir, então, a *Estética da Estupidez* como a *Filosofia do Aparentemente Belo* ou, simplesmente, como *Filosofia da Aparência*.

Logo, se é válida a afirmação de Gaudí, segundo a qual *a beleza é o esplendor da verdade*, a *Estética da Estupidez* é o estandarte da mentira.

E porque, definitivamente, o aparente não convence as mentes satisfatoriamente treinadas e mais desenvolvidas de que é belo, a *Estética da Estupidez*, para que possa se estabelecer, deve rivalizar com a *Estética* a fim de ocultá-la, sempre, dos intelectos que se satisfazem por só compreenderem o aparente.

De fato, estética vem do grego αἴσθησισ (*aisthēsis*) e se refere a *sensação*. Deriva de αἰσθάνομαι (*aisthanomai*), cujo significado é algo como "eu percebo, eu sinto". Se opõe, no pensamento platônico, a νόησις (*noēsis*), intelecção; não qualquer intelecção, mas, em Platão, o mais elevado tipo de conhecimento, acima do conhecimento matemático, inclusive. Dessa forma, a sensação é, nessa tradição, a forma mais básica, superficial; o estágio mais primitivo do conhecimento humano (que, assim, é divido em três etapas: a estética, a empírica e a *noética*).

Nesse sentido, porque a estética atinge, sem nenhuma dificuldade, até os intelectos menos refinados e mais xucros, ela é o instrumento mais eficiente da arte de seduzir e enganar, de maneira que a *Estética da Estupidez* consiste, assim, em uma impostura estética, pois toda estupidez nasce de um desejo que é, no mínimo, inconveniente e gera uma ação impositiva (porque ilegítima). A chave para que se compreenda a estupidez está na intimidação ou na imposição (que pode ser imperceptível se conciliada ao *marketing*).

ESTÉTICA DA ESTUPIDEZ

Para que o aparente se imponha artificialmente sobre o verdadeiro, que se impõe naturalmente, convém confundir o intelecto deficitário para essa aceitação da seguinte maneira:

(*a*) reparte-se o bem paradigmático;
(*b*) retiram-se dele todos os elementos secundários;
(*c*) substituem-se esses elementos secundários pelos elementos secundários de outro bem da mesma natureza, mas genérico e mais rústico;
(*d*) descarta-se o elemento primário em detrimento de elemento secundário nominalmente comum, mas oriundo de um bem de natureza diversa; e
(*e*) investe-se no encorajamento sentimental instintivo do sujeito limitado que se quer confundir.

De modo que:

(*e.1*) quanto maior a estupidez do sujeito que se vai confundir, menor a demanda por sentido (por haver menor referência dos elementos paradigmáticos); e
(*e.2*) quanto mais distante do paradigma (com o ponto máximo atingido no descarte do elemento primário), mais intensos devem ser os afagos sentimentais (mais numerosos devem ser os elementos secundários ou mais destacado aquele elemento secundário proveniente de um bem de natureza diversa deve ser, pois menos valioso que aquele primário do paradigma) como forma de compensação extravagante, porque insubstituível (mas havendo aparentemente uma compensação).

A título de exemplo, *a substituição das moedas devidas no troco por balas:* a compensação é feita com bens de natureza diversa, mas que guardam algum elemento em comum. Na bala, o valor pecuniário do doce (seu elemento secundário – uma vez que não se compra, idealmente, um doce pelo preço a ele atribuído, mas pelo sabor, que é seu elemento primário) é o único elemento capaz de substituir o elemento primário da moeda corrente, que é o valor de face. A compensação é aparente na medida em que se confundem apenas os elementos nominalmente comuns (os valores monetários) que, todavia, não guardam equivalência no tocante à importância na composição de seus respectivos bens originários. Ou seja, em decorrência da natureza divergente dos bens originários, bem como da incompatibilidade do grau de importância que esses elementos nominalmente comuns têm na composição de seus respectivos bens originários, opera-se uma confusão que satisfaz os olhos menos atentos e mais inocentes, de maneira que aquilo que é insubstituível é dado como satisfatoriamente substituído: a criança sai feliz com as balas que recebeu de troco, mas, se quisesse, não conseguiria usar essas balas como meio de pagamento para comprar um pirulito.

Colocando de outra maneira: quem vai ao mercado com a expectativa de receber moedas como troco pode ter a disposição para receber balas no lugar; já quem vai ao mercado pretendendo comprar balas não terá disposição para receber moedas no lugar delas.

Em resumo, a impostura estética é melhor identificada através do olhar reverso quando nos deparamos com elementos de natureza diversa dentro de uma única operação de equivalência. Em outros termos, na operação primeira (em que a aparência deve se impor), a impostura se deixa ver menos e é mais completamente ignorada, ao passo que ela é facilmente reconhecida quando imaginamos a operação reversa, cuja equivalência – que foi aparente e satisfatoriamente atingida na operação anterior – não logra o mesmo êxito.

De qualquer modo, quando perceptível e consentida (não imposta), essa compensação não é preocupante (aliás, ela é recebida com entusiasmo pela ciência jurídica como única resposta satisfatória ao problema dos danos extrapatrimoniais). Por outro lado, a problemática da estupidez exsurge nos casos de não percepção e não informação da compensação que se opera, ainda mais quando é intencionalmente ocultada a fim de afastar o risco da rejeição do artifício; pois, não aceito, a única hipótese da efetivação da substituição será mediante imposição (força).

Em resumo, uma vez que somente "vinga" ou por trapaça (assentimento decorrente da estupidez passiva) ou por força (arbitrariedade), a estética da estupidez sempre será um ato de violência e, por tal razão, seu sucesso (aderência; aceitação de voluntariedade aparente) está na ocultação dessa violência – e o *símbolo* é o meio mais eficiente para que se esconda a imposição, já que, através dele, são atingidos três sentimentos garantidores do resultado, quais sejam: (*i*) crença; (*ii*) medo; e (*iii*) ganância (assim, o símbolo da cruz, por exemplo, pode ser manipulado para a aceitação de um argumento manipulador através, em primeiro lugar, da crença; se a crença não for suficiente, o símbolo ativa o medo; e, não bastando o medo, o símbolo pode manipular a ganância, sentimento este diretamente acionado na chamada *teologia da prosperidade* ou, fora do campo religioso, sentimento exclusivamente responsável pelo sucesso de figuras como Bernard Madoff, que se tornou um símbolo tão poderoso mundialmente a ponto de sustentar, por quase quatro décadas, um esquema fraudulento que seria facilmente desmontado através de simples raciocínio econômico).

## Filosofia da aparência

Da mesma forma que a democracia é o pior regime político, à exceção de todos os outros, o capitalismo é o mais desumano modelo econômico, à exceção de todos os outros.

Pensando no modelo capitalista, é incontornável o fato de que *a absoluta democratização dos meios de acesso e divulgação de conteúdos em países subdesenvolvidos apresenta* (pelo menos tem apresentado), *como efeito colateral inevitável, a perpetuação do subdesenvolvimento*, sem contar o risco de regresso ao *status quo ante*, ou seja, à fase de não desenvolvimento.

No capitalismo, único modelo que permite a democratização dos meios e a universalidade de acesso, o fator quantidade é, na ausência regulatória, mais valorizado que a qualidade – fator que pode, aliás e inclusive, ser completamente descartado por inviabilidade econômica decorrente do pouco interesse – pelo simples fato de sua devoção absoluta à liberdade.

Tomemos como exemplo a trajetória percorrida pela indústria da música desde o disco de vinil até o *streaming*. Antes do barateamento e da sequencial democratização dos meios de produção, acesso e divulgação da música (e incluímos, dentro do termo, os elementos poesia, melodia, partitura, arranjo, execução, artistas etc.), a indústria dispunha apenas de técnicas de alto custo para a produção musical, que, como bem material, ia da gravação à embalagem. Esse valor significativo, obviamente, deveria ser superado significativamente para que se obtivesse, além da recuperação dos gastos que levaram ao bem material, retorno suficiente para outras despesas, como divulgação, distribuição, pagamento dos artistas e dos direitos autorais, do trabalho do produtor e, não menos importante, lucro.

Disso decorre que o acesso a esse produto ficava restrito às classes mais altas, que, por sua instrução mais elevada do que o restante da população que não poderia dispor do valor final para a compra desse produto, refletia na necessidade de rigorosa qualidade musical, fato verdadeiramente caricaturado na máxima, segundo a qual, naquele tempo, um artista podia ser feio e fazer sucesso. Mesmo que a população mais pobre e menos instruída fosse expressiva e numericamente muito maior do que a população mais rica, o custo de produção do álbum era, por si, independentemente da potencialidade da procura, fator impeditivo de consumo, pois, além desse produto, era necessário outro equipamento bastante caro: o gramofone.

Da vitrola ao *CD player*, sem a revolução da fita cassete com seu anúncio do desastre da pirataria, com o sucessivo barateamento da produção de um álbum, bem como do equipamento para a sua reprodução acústica particular, a indústria pôde, paulatinamente, renunciar àquelas qualidades clássicas tão caras (em todos os sentidos), pois já conseguia produzir um bem acessível a uma camada muito maior da população que dispensava a rigidez da estética musical. Com o passar do tempo, a hegemonia do *streaming* fez desaparecer o bem material final da produção musical.

O produto, agora acessível a todos, fez com que a indústria se adaptasse para continuar lucrando – entrando, nesse cálculo, a banalidade da pirataria – através do fomento exclusivo de produções baratas (em todos os sentidos) de acordo com os gostos musicais da esmagadora maioria que dispensa a estética musical (mas não do artista) por não compreender elementos que são acessíveis somente a um público mais instruído – com sensibilidade extrafísica e assimilação cognitiva desses elementos musicais –, até mesmo porque a mente menos intelectualizada rejeita nuances e complexidades.

Se olharmos a humanidade sob o prisma da evolução, é inegável que a arte, produto exclusivo do ser humano, aquilo que o diferencia de todos os outros animais e pode ser considerada fator divino da raça, evolui com ela. E, se uma sinfonia tem como antepassado um simples e único batuque ou uma sequência de batuques descoordenados, não queiramos nos enganar acreditando que o sucesso de produtos musicais sem nuances, métrica, sombra, poesia, afinação etc., decorre de uma equivalente qualidade se comparados aos clássicos de outrora.

O prestígio da desvalorização da complexidade musical ocasionou e vem ocasionando uma progressiva desvalorização da potencialidade humana. Uma vez que a indústria da música encontrou seu oásis em um produto que dispensa excelência técnica, preparo intelectual e investimento prévio significativos – mais ainda com a desnecessidade do bem material final –, interessa produzir *hits* descartáveis com artistas descartáveis, livrando-se da necessidade de caros produtores geniais e do estressante gerenciamento dos caprichos dos grandes gênios da música; artistas que, como observamos anteriormente, podiam ser feios – observação que pode parecer estúpida, mas que, de fato, só é estúpida para os estúpidos.

A sentença chistosa, segundo a qual um artista musical de antanho podia ser feio e fazer sucesso, tem uma carga filosófica profunda, pois revela, resumindo simultaneamente em sua simplicidade, as lições da ontologia (aquilo que é) e da deontologia (aquilo que deve ser).

Sejamos mais claros, ao caro leitor ávido por escapar da sentença da estupidez:

Partimos da premissa clássica: arte é beleza.

À música bela e, portanto, boa, pouco importa qualquer atributo físico-estético do artista, pois o artista, ao final do trabalho, separa-se da arte: é a arte que atesta o artista na ausência do artista; de maneira que, em análise reversa, se o artista tiver que atestar a arte na ausência da arte, obviamente, não existe arte. Logo, porque arte é beleza, para que um produto artístico seja arte, ele deve ser belo; ou seja, a arte só é arte quando bela. Disso decorre que, para que a música seja arte, a música deve ser bela. Se não for, é qualquer outra coisa, mas não é arte. Em outras palavras, a coisa só é a coisa quando manifesta a essência da coisa.

Mas, sabendo que a estupidez do estúpido não decorre de sua vocação mais sublime (a de *ser* humano), que ela é um estágio do desenvolvimento intelectual maquiavelicamente interrompido ou desencaminhado e, continuadamente, consentido pelo próprio estúpido em decorrência de um incessante, caloroso e enganador incentivo sentimental – apoiado, ainda que de maneira não unânime, pela classe política dona do poder, cujo *status quo* vive em constante risco de aniquilação *in re ipsa* desde que assentiu à vigência do regime democrático; sabedora que é da sua fatal derrota em um pleito eleitoral obrigatório e universal composto por eleitores não estúpidos –, a indústria da arte olha para essa estupidamente triste realidade estúpida e, pela nada condenável ótica capitalista (porque não cabe à iniciativa privada cuidar das responsabilidades do poder público que dela tudo toma à força e, ainda, tem a desfaçatez de chamá-la de contribuinte), diz: εὕρηκα!

"Eureca!", repete a indústria partindo para a formulação de seu raciocínio naturalmente predatório (mas nada estúpido): *Se a coisa, para ser realmente a coisa, deve manifestar a essência da coisa; e, em estado de estupidez, a essência da coisa nunca é realmente conhecida, mas o são somente alguns aspectos truncados dessa essência que acabam se tornando aos olhos (e ouvidos) do estúpido o essencial; a solução é vender a coisa como a coisa ideal, porque, mesmo não sendo esta coisa, aquela coisa terá a aparência da coisa ideal.*

Logo, tal qual os confeiteiros que vendem uma cereja feita de chuchu como cereja em razão de mera aparência de cereja, a indústria da música, percorrendo a trilha da tragédia anunciada pela arte, produz qualquer som e vende como música. Mesmo não sendo música porque não manifesta a grandiosidade essencial da arte musical, esse som tem aparência de música e, como tal, é consumido e regiamente remunerado.

Fica óbvio, a partir desse embaralhamento silencioso da ontologia com a deontologia, do *ser* com o *dever-ser* – obra de arte da astúcia humana que nenhum outro ser vivente conseguiu produzir desde a pré-história; sim, arte que, por ser diabólica, revela sua essência sobrenatural e a hipótese de divindade –, a razão pela qual se podia dizer, antigamente, que o cantor podia ser feio: porque a música era música e, sendo verdadeiramente música, era arte. Portanto, já era suficientemente bela para que precisasse se preocupar com um desvio de balizas.

É quando a essência se dilui com a democratização não estruturada – quer dizer, a entrega do poder decisório a pessoas sem noção nenhuma de responsabilidade e que podem ser facilmente enganadas pela realidade em que se encontram viciosa e involuntariamente –, é quando conceitos não mais partem do conhecimento do essencial e são substituídos pela opinião da vez, legitimada exclusivamente por uma instável maioria heterogênea e ciclotímica, que a inteligência tirânica sufoca qualquer inteligência científica, enjaula as inteligências em desenvolvimento e cria um séquito de araras e jandaias estúpidas sempre prontas a lutar por ela, heroína sem nenhum caráter. Essa armadilha hipnótica da estupidez acontece através do incentivo da aparência. Todo o cuidado é pouco!

No nosso tempo, reconheçamos, a mulher de César – que precisava parecer honesta além de ser verdadeiramente honesta – não precisa mais ser, nem minimamente, honesta. Basta parecer honesta (e é preocupante constatar que nem isso venha a ser mais necessário quando nos deparamos com certas primeiras-damas orgulhosamente impunes e impunemente orgulhosas com suas poupanças polpudas – e que talvez nem mais precisem recorrer ao velho prego que delas muito já exigiu roubando noites de sono).

Por tudo isso importa, essencial e indispensavelmente, que o artista da música, hoje, tenha, antes de qualquer talento – e muitos, graças ao bom Deus (que não precisava ter criado o homem, mas que, fazendo--o, pelo menos lhe deu liberdade), o têm –, apelo físico-estético, uma vez que a beleza da música, sem que ninguém pudesse perceber, foi ontológica, artificial e diabolicamente deslocada da arte para o artista, um método que mantém no produto, para a grande massa de ouvidos toscos, uma aparente deontologia da música.

Assim, o artista pode ser feio quando existe música, que é bela porque deve ser bela. Mas a coisa que não é música, porque não é bela quando deveria ser bela, só consegue se passar por música e ser aplaudida pela estúpida audiência, quando tiver a aparência da beleza. Essa é a chave.

Como no caso da bala que é aceita como moeda (bens de natureza inconciliáveis) em razão daquela conter um elemento secundário nominalmente comum ao elemento primário desta (o valor) – mas de inferior grandeza essencial –, o artista é oferecido como arte quando um elemento secundário da sua humanidade (a beleza) se impõe como alternativa ao elemento primário da arte.

Em qualquer sistema econômico, inteligência é poder, mas só no capitalismo a inteligência, que sempre é ameaçadora, não é encarada como ameaça, sendo, idealmente, requisito para o sucesso (comprovação do poder). Esse poder pode ser solidário ou despótico, a depender da inteligência dos habitantes desse mundo, bem como da boa vontade da inteligência poderosa. Sendo a inteligência uma arte e, porque é arte, é bela, a inteligência custa caro. Por essa razão, para que a indústria continue vendendo caro algo barato e não corra o risco de voltar a receber o preço justo caso se veja obrigada a vender, como no passado, música (que deve ser bela e, assim, boa para que seja genuinamente música), o grande segredo é, de mão dadas com a

# ESTÉTICA DA ESTUPIDEZ

inteligência estupidificante (e estupefaciente), investir pesadamente na aparência da beleza.

Já que a beleza da arte, especialmente quando falamos de música – que é algo imaterial como a alma –, é intrínseca à arte – uma vez que a arte é intrínseca à inteligência, sendo desta, de forma simultânea, produto e predicado do seu estado de perfeição ou, pelo menos, estágio mais evoluído (razão pela qual se fala em *estado de arte*) –, a arte, comercialmente, deve ser cara. Dizer, portanto, que a arte é cara é dizer que a beleza, que é essencial à arte, tem um alto custo. Nesse mundo que excursionamos, dispensa qualquer demonstração o fato de que a beleza extrafísica é muito mais rara do que a beleza física, ainda mais no presente, quando a segunda pode ser adquirida por um precinho campeão em clínicas e farmácias perto das nossas casas.

Sobre o termo *extrafísico*, importa advertirmos sobre sua aplicação neste ensaio: serve para que não seja confundido com a metafísica, muito embora, ao fim e ao cabo (e tal como em "ao fim e ao cabo"), tenham as expressões a mesma essência. Outra razão da escolha de *extrafísico* se deve ao fato desse termo ser mais castiço em nosso vocabulário (mesmo que, inexplicavelmente, ausente de praticamente todos os dicionários hoje disponíveis – inclusive os mais festejados –, *extrafísico*, presente no Vocabulário Ortográfico da Língua Portuguesa, tem um significado muito espartano: conforme o bom e velho *Caldas Aulete*, é o "que está fora das leis e dos métodos da física"; livramo-nos, assim, do risco de incorrer em erros crassos que possam ter origem da nossa ignorância acerca dos embates filosóficos que são inerentes à metafísica).

Pela baixa oferta, a beleza extrafísica tem, na teoria e – em estado ideal – na prática, maior valor que a física. Mas, em uma condição de estupidez preponderante e quase unânime, não é difícil induzir uma profunda confusão entre as belezas extrafísica e física (e cuidar para que tal confusão não se desfaça). Feito isso, verdadeira feitiçaria da razão, aquilo que, na natureza, apresenta pouca oferta, ou seja, a beleza extrafísica, a arte genuína, terá menor valor que as saúvas.

E, assim, o artista não pode mais ser feio porque a arte não é mais bela e, portanto, não é arte. Para ser vendida como arte, todavia, deve--se investir na estupidez do consumidor, fazendo-o acreditar que a beleza que vê (a beleza física que lhe desperta instintos animais ou, em termos clássicos, apetites como o desejo sexual) é a beleza que deveria sentir (a beleza extrafísica que lhe desperta sentimentos humanos diferenciais no reino animal, ou seja, o pensamento; estimulando, intrigando, confrontando o intelecto ou proporcionando verdadeira experiência mística).

E, assim, a beleza do executor (a quem, complacentemente, chamamos de artista) é fundamental para que o produto tenha algo de belo e seja vendido como música para um consumidor que, estivesse na padaria, compraria *apresuntado* acreditando ser presunto. Sem paladar apurado, basta a aparência de presunto para fazer feliz o comprador. Logo, sem estado da arte, para alienar e fazer feliz, basta inocular uma beleza estranha ao bem que, por não conter a beleza necessária, não é (suficientemente, pouco ou nada) belo. Afinal, quem bem conhece o cancioneiro sabe que *as aparências enganam aos que odeiam e aos que amam.*

Mas o leitor que não se perdeu nos tortuosos caminhos desses nossos pensamentos, a quem saudamos e reconhecemos padecer também, do nosso sofrimento, desafiar-nos-á: "Ora", falará com impaciência, "disséreis, e tais foram vossas palavras, que *uma sinfonia tem como antepassado um simples e único batuque ou uma sequência de batuques descoordenados.* Se é assim, tão certo quanto o Orvalho no Carvalho é água, o batuque, sendo primícias da sinfonia, também é arte". Surpresos com a atenção deste leitor, e maravilhados com a sua potencialidade intelectual, estendemos a mão para que se levante desse tombo estúpido, pois, ao trazer a questão à baila, mostrou, gentilmente, que não alcançamos clareza na tentativa de diferenciar a arte de qualquer outro produto executável pela raça humana.

Convém nos aproximarmos mais do objeto em dissecação, dispensar a lupa, ignorar o microscópio e lançarmos mão de uma especialíssima lente medianímica. Vejamos:

ESTÉTICA DA ESTUPIDEZ

O Orvalho no Carvalho certamente é, a olho nu e no seu aspecto físico, água. É sempre água quando visto objetivamente, fato que é igualmente captado tanto pela visão humana quanto pelos olhos de um asno ou, ainda, pelas lentes de qualquer câmera.

Da mesma forma, sob o prisma da física, uma sinfonia se identifica com qualquer batuque sem ritmo, porque, seja para o ouvido do sujeito estúpido, seja no processo de captação sonora através de um microfone (e não achamos, por qualquer razão, conveniente intuir o mesmo para o asno), ambos são energia sonora que se propaga através dos meios materiais. Ambos, fisicamente, se reduzem ao som, que é uma onda mecânica.

Mas, voltando ao Orvalho no Carvalho, se é certo que ele pode enganar aqueles que o observam – e certamente engana o sujeito com menor sensibilidade –, certo também é que a sua significação ultrapassa aquela do mero fenômeno físico (e, graças a isso, ultrapassa a condição de água). Também a sinfonia é muito mais que som (e, graças a isso, ultrapassa a condição de batuque primordial).

Se, hoje, o Orvalho no Carvalho se reduz a uma água estúpida que molha aquele que, inadvertidamente, nele encosta depois da noite, comprovado está o trinfo da estupidez em sua batalha contra o intelecto, que se dá quando o único sentimento estimulado é o físico e mediante a incapacidade do sentir extrafísico – ou por acreditar (confusão) que os apetites gerados (sentimentos possíveis a qualquer animal; físicos, portanto) sejam reações estimuladoras do intelecto (atributo exclusivo dos seres humanos, extrafísico, portanto – não sendo demais destacar que reações supressoras do intelecto não se enquadram na categoria). Felizmente, contudo, ainda há quem veja na imagem do orvalho um influxo benéfico, uma consolação, um bálsamo.

Para aquele que é familiarizado com a arte ou que é simplesmente humanamente sensível, para quem o intelecto é capaz de perceber a beleza e a poesia, para quem é capaz do sublime sentimento que destaca o homem do restante do reino animal (bem como do vege-tal), para quem é capaz de sentir o Menino Jesus milagrosamente

105

transformado por Fernando Pessoa *na Eterna Criança, criança que, de tão humana, é divina; que é o divino que sorri e que brinca, o deus que faltava*, capaz de apontar para toda verdade que há nas flores; para esse sujeito com o olhar cheio de sensação, não há dúvidas, o Orvalho no Carvalho pode ser a lágrima que deixa cair a noite por ter que se despedir do sonho.

Fenômeno idêntico acontece com a sinfonia.

Para aquele que é incapaz de experimentar a beleza extrafísica da sinfonia e, porque ela é, fisicamente, som, ela tem o mesmo valor (mas não a mesma grandeza) que o batuque desgovernado e se confunde com o ruído – isso nos remete, com verdadeira ternura, à reação de nosso pai quando, ao pedir para o nosso menino que "diminuísse" o som do *CD player* que tocava Pavarotti, disse: "essa música é uma gritaria".

Para ele, tristemente, tudo que foge dos acordes rústicos da música popular é barulho, ruído e, por desconhecer a experiência divinal, será muito mais *negócio* consumir um batuque que o embale na experiência meramente animal. Se essa batida satisfizer algum apetite, fica dado, ainda, mesmo que impropriamente (até porque não o sabe, impedido que está, também sem que o saiba, da potencialidade do próprio intelecto), como arte.

Tudo que é aparenta ser, mas nem tudo que aparenta ser, de fato, é. O argumento é verdadeiro porque a aparência enganadora se extrai de alguma identidade comum entre os elementos que compõem, de um lado, o *parecido* e, de outro, *aquilo pelo qual pretende se passar*; entre o *pretenso* e o *paradigma*. Essas formas identitárias coincidentes podem ser elementos físicos (bastando que se repitam, entre os dois objetos, alguns deles ou, até mesmo, todos) ou elementos extrafísicos da essência funcional integral do paradigma (podem se repetir muitos, mas, certamente, nunca todos – nem da mesma forma).

A aparência pode convencer apenas pelos elementos físicos, como é certo que convence um cachorro que, em frente ao espelho, exalta-se com a própria imagem acreditando tratar-se, de fato, de um outro cachorro real. Por mais estúpido que possa ser, o homem é superior ao cão – no que o leitor é plenamente livre para discordar e

ESTÉTICA DA ESTUPIDEZ

convidado para nos convencer do contrário –, ele necessita também de aspectos dos elementos extrafísicos para que seja satisfatoriamente engambelado.

Importa, porém, voltando ao confronto entre a sinfonia e o batuque solitário ou desregrado (o batuque primordial), indagarmos: pode-se negar a esse batuque o poder de gerar sensações intelectuais, já que reconhecemos nele, nesse batuque do homem das cavernas, o antepassado primeiro da sinfonia? Não. E não é isso que negamos a esse som primordial. Ao batuque primordial se nega a natureza da arte.

Nem só a arte estimula o intelecto (afinal, nem só de arte vive o homem). Há muitos outros fenômenos que o estimulam. O que defendemos é que a arte é uma modalidade especialíssima de estímulo intelectual, porque na arte verdadeira se encerra, sempre, o estágio mais avançado da inteligência criadora humana.

Ou seja, para que uma criação artística seja genuinamente arte, deve existir criação; mas não qualquer criação. É a criação surgida do exercício intelectual, pois muita coisa se cria acidentalmente. O mesmo barulho que o homem da caverna produziu com alguma haste sobre a pedra poderia ser produzido pelo casco de um asno – já que todas as coisas que existem têm frequência e vibração próprias em decorrência das suas ligações específicas formadas entre seus átomos; por essa razão, quando qualquer coisa que existe é fisicamente impactada, faz ressonar os átomos, produzindo-se o ruído.

A música se diferencia, portanto, do batuque primordial ou de qualquer outro ruído, em virtude de sua periodicidade. Para que haja música, por óbvio, deve existir domínio da mencionada periodicidade do ruído, domínio que, alcançado, representa uma técnica e só a melhor técnica permanece como arte (as anteriores serão artes de seu tempo e, hoje, memórias e etapas da arte), arte que só pode existir quando se identifica, sempre e necessariamente, a beleza (seja essa beleza coincidente com o domínio total da técnica, seja essa beleza com a criação de algo que produza impacto sensorial que estimule positivamente o intelecto).

Condenamos a humanidade quando rebaixamos a verdade da arte.

A divina inspiração de Chesterton nos ensina, em *O Homem Eterno*, que *a arte é a assinatura do homem*. Na sua expedição imaginária em uma caverna pré-histórica (ilustrando com fidedignidade e de maneira terna as descobertas da arqueologia), depara-se com traçados grandes e expansivos, diferenciados com terras coloridas: eram desenhos ou pinturas de animais; era arte.

Se fossem meros traçados, não seriam arte. São artes, portanto, por mostrarem o domínio do movimento e do gesto de uma mão humana, da mão de um artista que, com uma técnica primeira, domina, ordena e diferencia os traçados atribuindo significado a eles. Isso revela o espírito experimental e aventuroso do artista, um espírito que é capaz e busca realizar coisas difíceis.

Aos olhos sensíveis e prevenidos da estupidez, essas pinturas causam espanto pelo sentimento de que esse artista das cavernas, um homem tão distante de nós no tempo, esteja tão perto ao mesmo tempo que os animais retratados, que ainda estão tão próximos de nós, estivessem tão longe. A arte, a dominação de uma técnica que produz algo significativo, assim, é o que diferencia o homem das bestas.

E porque, diz Chesterton, "o cachorro não pintou melhor em seu melhor período do que pintou com os antigos modos de quando era um chacal; o cavalo selvagem não era um impressionista e o cavalo de corrida um pós-impressionista"[32], é dessa noção de reproduzir ou de inventar coisas em sombras ou com forma significativa que o ser humano se diferencia de todos os demais seres viventes neste mundo. O domínio da arte não existe em parte alguma a não ser no homem, criatura verdadeiramente diferente de todas as outras criaturas, porque é, simultaneamente, tanto um criador quanto uma criatura.

De tudo isso conclui que essa "verdade é tão verdadeira que, mesmo na ausência de qualquer crença religiosa, deve ser aceita sob a forma de algum princípio moral ou metafísico".[33]

---

[32] CHESTERTON, G. K. *O Homem Eterno*. Campinas: Ecclesiae, 2014, p. 29-39.
[33] *Loc. cit.*

ESTÉTICA DA ESTUPIDEZ

Negligenciar a essência da arte é, então, negligenciar a divindade do humano. É rebaixá-lo. Por essa razão, algumas palavras devem ser ditas sobre a *beleza*.

Na história, o que quer dizer, daquilo que nos é permitido tomar conhecimento através da leitura, as primeiras lucubrações sobre a *beleza* estão em Platão. Para o Ateniense, a beleza de qualquer ser material varia conforme menor ou maior comunicação sua com a *Beleza Absoluta*, que é pura, imutável e eterna, que existe apenas no suprassensível mundo das ideias, mas da qual podemos nos aproximar e vislumbrar ao sentir enlevo, arrebatamento, prazer, deleite.

Em Aristóteles, a beleza decorre de certa harmonia ou ordenação existente entre as partes de um objeto entre si e em relação ao todo. Ele ainda ressalta a diferença entre *Beleza* e *Belo*, pois este exige, segundo seu pensamento, a grandeza entre outras coisas. Logo, podemos apontar *Beleza* em um homem bonito e bem proporcionado, mas, se ele for pequeno, não identificamos o *Belo*, que consiste na grandeza e na ordem conforme o conjunto no qual se insere, significando que tanto o predicado *pequeno* quanto o *enorme* não são desejáveis para o *Belo*. Nessa análise da ordem, da harmonia e do equilíbrio, o estagirita apresenta um conflito entre a harmonia e a desordem quando, ao discorrer sobre a comédia, gênero da arte literária tida como imitação de homens inferiores e viciosos, admite a desordem e a feiura como elementos aptos a estimular a criação da *Beleza* através da arte.

No exame da fruição da obra de arte, Aristóteles reflete sobre as características da *Beleza* do ponto de vista do sujeito, permitindo que se conclua que o realismo de sua arte quase que matemática não é voz da simples imitação, mas a revelação da verdadeira essência das coisas. A arte, portanto, é um depoimento do mundo contida em uma realidade transfigurada, cuja *Beleza* provoca um prazer estético decorrente de simples apreensão, gratuita e sem esforço, pelo espírito de quem a contempla.

Seguimos com Plotino, que ensaia uma síntese entre a luz platônica e a harmonia aristotélica, resultando a beleza do domínio da forma sobre o obscuro da matéria, pois é luz que dança sobre a harmonia.

Santo Agostinho, por sua vez, faz uma contribuição importantíssima para o conhecimento da beleza ao incluir o *Mal* e o *Feio* no seu conceito. Para o santo filósofo, a oposição dos contrários, dos contrastes mais violentos, de partes belas e feias e, até mesmo, obscenas, resulta em beleza quando, integrados no todo da obra, decorrer a unidade que se quer remeter. Desse modo, a beleza não é identificada somente através do critério estético, quer dizer, em razão de uma estética agradável ou prazerosa. Essa é apenas uma das hipóteses de beleza que a arte pode apresentar.

É São Tomás de Aquino quem ressalta o papel da intuição criadora e da imaginação para a criação e a fruição da beleza. Logo, além da integridade ou da perfeição, porque a inteligência ama o ser, bem como da devida proporção e da harmonia, porque a inteligência ama a ordem e a unidade, o caráter essencial da beleza repousa na claridade, porque a inteligência ama a luz e a inteligibilidade, um brilho que deve ser compreendido por um viés ontológico e não por uma claridade conceitual.

Logo, pensamos que a arte é bela (até porque ela deve ser bela) também fora dos domínios da estética, porque a arte é, principalmente, produto da inteligência criadora, centelha divina soprada sobre a humanidade e única razão pela qual ela pode se gabar como filha de Deus. A arte, portanto, é arte ou pelo completo domínio da técnica que reproduz a beleza conforme Platão, Aristóteles, Plotino e Santo Agostinho ou, partindo de São Tomás, pelo simples fato da beleza *in re ipsa* da criação inteligente e inovadora.

Através das descobertas arqueológicas e desses melhores entendimentos filosóficos, imperiosa a conclusão de que a arte nunca é arte durante as etapas de sua fenomenização. Se uma bela pintura é arte, não é porque a pincelada tem a mesma natureza que a pintura – natureza de arte portanto. A arte só é arte no momento final, quando, dada como feita, expressa a sua técnica com perfeição ou quando inteligentemente cria ou inova.

Dessa nossa *Teoria Pura da Arte*, lembramos aquilo que dissemos acerca da verdade divina: tal como a verdade, a arte só está no momento final; no que a arte está para o homem assim como a verdade está para Deus: ambas exigem respeito aos meios – denominado, em arte, técnica e, em religião, caminho. Ambas só são elas mesmas, em sua essência integral, em todo seu esplendor e significado, depois de concluída a última etapa e, assim como o bem da arte só se descola do artista e pode ser compartilhado com os outros homens depois do movimento final, o bem da verdade só se revela de Deus e pode ser contemplado pelos homens depois do último suspiro. Por fim, a arte só se compreende através do espírito, da mesma maneira que a verdade se revela somente ao espírito.

Todavia, nesta era da estupidez, as investidas supressoras do intelecto e a armadilha despótica que chamaremos de *ontossemi-deontologia*, não somente transformaram uma pincelada em arte, bem como concedem a essa pincelada o sucesso de venda com valor semelhante ou superior ao de uma verdadeira obra-prima da arte mais sublime.

O desvirtuamento da arte começa com a compreensão equivocada da problemática indissolúvel (e muito bem distorcida pelos assassinos da arte) de uma proposição de Kant. A problemática está em deixar o conhecimento da beleza sempre à mercê dos juízos estéticos (conforme o gosto de cada um, os juízos decorrem da reação pessoal do contemplador) e dos juízos de conhecimento (que emitem conceitos que possuem validez geral). O pensamento kantiano apresenta a beleza através de quatro paradoxos: (*i*) a beleza como satisfação personalíssima, mas que agrada universalmente sem conceito; (*ii*) a beleza como necessidade subjetiva que aparece como objetiva; (*iii*) a beleza como prazer desinteressado; e (*iv*) a beleza como causadora de uma satisfação determinada (o que, pelo juízo do gosto, é uma finalidade sem fim.)

Existe uma contradição fundamental e irrespondível nesse pensamento que nos é apresentada por Moritz Geiger: se o sentimento estético é expressão de faculdades cognoscitivas de validez geral, não teremos que admitir, também, que em todos os homens os mesmos objetos devem provocar o sentimento adequado? E, se essa consequência é correta, não se poderia assinalar no objeto qual deve ser a condição apta a suscitar o livre acordo das faculdades cognoscitivas?

Fato é que as proposições Kant foram sequestradas e permitiram o primeiro passo para que chegássemos à situação moderna na qual, em qualquer casa de leilões, um quadro de Picasso é exposto e apresentado diante do mais absoluto silêncio de uma plateia apática que, contudo, reage com urros e aplausos diante do lance final de cifra milionária logo após o leiloeiro pronunciar "vendido!".

E a *Estética da Estupidez*, nesse caso, não somente logrou êxito na substituição do elemento *beleza* pelo *valor* – legitimado no símbolo que se tornou o artista –, bem como avançou no método de simbolização – que, em arte, tem um custo bastante elevado pela necessidade de espera para a consolidação do artista no tempo e, ainda, pela sorte da verificação de um contexto (História) – a fim de legitimar o *valor* através do *mistério* sobre o artista, permitindo-se criar "clássicos" com regularidade calculada e que consigam a proeza de valores impensáveis até mesmo quando "autodestruídos" (como a obra do misterioso Banksy).

Essa triste realidade é o inescapável destino a que se chega através do caminho aberto por Duchamp que, justiça seja feita, avisou onde dava. Marcel Duchamp, em 1913, com sua *Roda de Bicicleta*, iniciou um conceito de *ready-made*, que consistia basicamente na utilização de objetos prontos ao invés da elaboração da obra pelo próprio artista. Contudo, o rompimento com a arte tradicional foi irretratável e irrevogável em 1917, quando ele inscreveu sua obra *A Fonte* em uma exposição de artistas independentes em Nova Iorque. Sua *masterpiece* era, na verdade, um urinol, assinado por "R. Mutt".

O aviso foi claro: no urinol, urina-se.

A urina é uma das formas de excremento humano. O estudo dos excrementos se dá no campo da coprologia, também conhecida como *escatologia*, palavra de origem grega que também denomina outra doutrina: a do fim do mundo, do apocalipse. A arte, portanto, reduzida ao urinol significa, em todos os sentidos, *escatologia da arte*;

ela, neste momento, passava a ser, simultânea e respectivamente, sob os prismas científico e religioso, um excremento e uma profecia do fim dos tempos da arte. Daí o grande e constrangedor recibo de estupidez da modernidade ao interpretar que, a partir de Duchamp, qualquer coisa poderia ser arte.

Era, de fato, a desculpa que os estúpidos precisavam. Sobre esse funeral da arte, bem observa Roger Scruton o objetivo de "libertar o homem do fardo da cultura" – autorizando-o a ignorar os clássicos e dizer com orgulho "que as novelas televisivas são 'tão boas quanto' Shakespeare e que Radiohead é igual a Brahms" – ao negar a arte como tipo funcional; o que revela a estupidez dessa investida bem-sucedida, pois a arte, tomando o exemplo das piadas, possui uma função dominante, função que as obras podem cumprir de modo recompensador, ofensivo ou humilhante – ou, simplesmente, ineficaz.

Como acreditamos que Kant não pretendia viver essa estúpida realidade, nosso intento, até aqui, foi o de costurar e otimizar todo entendimento oriundo de nossa amadora reflexão sobre a beleza da arte (estética) a partir do caso estupidamente real da indústria da música analisado através das sensações físicas e extrafísicas, uma vez que, ultrapassando as primeiras percepções, somente as sensações extrafísicas compreendem tal beleza que, necessariamente, reveste a arte de uma significação que é iluminada em sua forma. Do que concluímos, com a ajuda de Levinas, que *a beleza introduz, no mundo fisicamente nu, uma finalidade nova.*

Assim, só a música com estética, a música como arte, como expressão do domínio ou da revolução da técnica é capaz de desenvolver o intelecto. Essa música – o que qualquer leitor pode averiguar no seu círculo social, seja ele qual for – não tem, contudo, um décimo da procura que tem o produto musical plano e hipnótico.

O som de um *pancadão* pode ser chamado de música, mas somente se admitirmos que a música pode não ser arte. O motivo insistentemente repetido, ao longo desta análise estética, é que o aparente não se confunde *in totum* com o verdadeiro; falta ao aparente algo da essência ou a própria essência do bem pelo qual pretende se passar; a essência é aquilo que define a razão de ser. Uma arte sem razão, assim, não tem razão de ser arte.

Nesse sentido, o genial exemplo de Scruton, que critica essa tendência de nomear como arte aquilo que não é arte (pela simples razão de não cumprir a função da arte). O fato de nomearmos algo arbitrariamente não transforma a coisa nomeada naquilo que desejamos que ela fosse. Ou já podemos dizer que toda história curta, até a mais triste, pode ser piada apenas pelo fato de nomearmos como piada?

Uma vez que histórias curtas que fazem rir não vão deixar de existir, caso tudo possa ser chamado de piada, é certo que só as engraçadas suscitarão risos. Ninguém sente arbitrariamente. Pessoas podem ter sentimentos arbitrários, mas não podem ser obrigadas a sentir o que não sentem. A reação é sempre natural. Uma piada não é piada porque foi arbitrariamente nomeada piada; pode ser boa ou ruim, como piada, somente se tiver a essência da piada.

Não se pode querer que a oração "a mulher foi brutalmente espancada pelo marido porque colocou sal no açucareiro" seja uma piada; mas é o rumo que as coisas tomam quando se permite que qualquer coisa possa ser considera uma outra coisa.

Assim, porque o *aparente* tem custo inferior ao *paradigma*, é natural que a indústria, objetivando o óbvio (o lucro), invista e insista que só a aparência deve ser produzida e, mais ainda, que somente ela deve ser fomentada frente ao risco de que se desenvolva no grande público alguma curiosidade intelectual, quiçá alguma erudição musical que demande da indústria o retorno aos custos com qualidade.

Por isso a importância de conhecermos a *Filosofia da Aparência*; para que saibamos como lutar contra a estupidez, cuja estética testada e bem-sucedida na arte, prostrou a política, pôs em risco a ciência, tem ferido de morte a religião e, ainda, ameaça a linguagem.

Nisso se fundamenta nossa sentença inicial, qual seja, a de que a democratização dos meios de acesso e divulgação de conteúdo, quaisquer que sejam, perpetua o subdesenvolvimento em países subdesenvolvidos, campos férteis que são para a disseminação da estética da estupidez.

## Estéticas da estupidez capitalista e comunista

É inegável a redução progressiva da questão da verdade à forma linguística do julgamento.

Nas artes, é realidade patente que o capitalismo tenha se apropriado dessa redução, conforme acabamos de expor. É fato também que, pela receita obtida com essa operação, o mercado queira protegê-la e perpetuá-la.

Diante desse cenário, Badiou, com certa alegria, recorda a predição de Marx segundo a qual o mundo seria configurado como mercado através de um processo de homogeneização abstrata, no qual tudo o que circula cai em uma unidade de conta e só pode circular se assim se deixar contar.

A lógica capitalista se aproveitou, inclusive, dos estúpidos ideais identitários de estúpidos pseudo-marxistas que ajudaram a enterrar a arte através da imposição da "cultura": ao exigirem que qualquer forma mais rústica de entretenimento oriunda de culturas menos desenvolvidas fosse arte, ajudaram o mercado a alcançar um público que ele, até então, desconhecia; assim, o mercado poderá não só devolver à "cultura", agora encarecido com o selo da "arte", o produto de entretenimento barato que recebeu, bem como terá em mãos um novo produto tão barato quanto aqueles que já possuía, mas que poderá ser ofertado para o público que sempre deteve encarecido com o selo da "cultura".

Essa interação mercadológica que descarta a verdade pela aparência tende a se perpetuar por ser a opção mais lucrativa (sem contar o risco quase inexistente da empreitada). Dessa forma, se um processo de verdade se caracteriza por interromper a repetição, a lógica capitalista, na perspicaz crítica de Badiou, vai perpetuar a mentira; do que deduzimos, pode perpetuar a estupidez.

Mesmo diante desses efeitos nefastos e nefandos, é certo que nós sempre optaremos por sofrer em liberdade, uma vez que a falta dela não é garantia de felicidade nem de honestidade intelectual; muito pelo contrário.

A despeito da lógica brilhante do filósofo marxista, se o capitalismo possibilitou e tem possibilitado efeitos condenáveis como a hegemonia da aparência com pouca perspectiva de mudança deste rumo, não é correto ocultar o fato de que todo modelo econômico fora do seu espectro já experimentado na História só tenha produzido estéticas tão lamentáveis quanto ou piores.

Desse modo, é a própria realidade histórica que nos força a concluir que, dada a total ausência de perspectivas no horizonte que apontem para o surgimento de outro modelo econômico – cuja eventual promessa de promoção do belo e do justo deveria ser recebida com total desconfiança em virtude da desafiadora necessidade de ter que equilibrar tal promessa com a realidade posta e de modo a garantir os irrenunciáveis direitos humanos –, só o modelo capitalista, dentro das possibilidades intransponíveis da modernidade, é capaz de garantir um grau de liberdade que permita a formação de qualquer movimento que se oponha a qualquer um dos seus efeitos (inclusive ao próprio modelo como um todo).

Qualquer outro regime político já experimentado fora dos parâmetros democráticos ocidentais ou de modelo econômico estranho à lógica capitalista deixou sempre a liberdade em segundo plano em função de qualquer vã promessa humanitária. Mesmo diante de retumbantes fracassos na entrega do éden da humanidade, a liberdade nunca foi de bom grado restituída; afinal, o poder seduz e corrompe a ponto de tratar como inimigo mortal qualquer autonomia individual que busque desenvolver o intelecto.

Em todas as experiências nascidas do marxismo, revelou-se verdadeiro inferno o paraíso prometido... E não era possível sequer lamentar.

Se a lógica capitalista visa perpetuar a filosofia da aparência, ela o faz na seara mercantil. Os governos dos regimes que adotam o modelo econômico capitalista são, de regra, rotativos. A liberdade econômica, aspecto essencial da lógica capitalista, dificilmente é concedida de maneira satisfatória por um governo permanente (e deixaremos de discorrer sobre a China), o que sempre ocorre,

ESTÉTICA DA ESTUPIDEZ

com maior ou menor grau, nos regimes abertos, quer dizer, nas democracias.

A democracia, em essência, caracteriza-se pela ausência de promessas finais. Ela se resume, no plano ideal, como um processo ininterrupto de contínuo aperfeiçoamento com base na satisfação de um povo ao qual garante igualdade jurídica, bem como liberdade de crítica e autodeterminação pessoal, facultando, ainda, participar desse processo, inclusive alterando-o dentro dos parâmetros previamente estabelecidos. Como processo, a democracia se iguala à ciência no que diz respeito ao conceito de verdade: não há promessa, só tentativa e erro em busca de um estágio sempre melhor que o antecedente.

Se o mercado de um governo democrático age com o intuito de perpetuar a filosofia da aparência, o mesmo não se pode dizer do governo, que deve refletir em condições de vida verdadeiramente satisfatórias sob o risco de ser substituído (é claro que, como dissemos, trata-se de um ideal – razão pela qual insistimos acerca do efeito deletério dos aparatos sofisticados em países subdesenvolvidos: o motor Rolls-Royce colocado no Kadett, por mais que seja o melhor entre os motores, fará o carro parar na estrada ou o condenará a ficar preso na garagem; fato que se repete com técnicas políticas sofisticadas em estruturas sociais não preparas para elas).

O mesmo não ocorre dentro da lógica comunista, que necessita de um governo autoritário para que se estabeleça. Nesse modelo, portanto, é toda estrutura que acaba valorizando a *Filosofia da Aparência*, porque ela só existe através dessa filosofia e com ela se confunde: tudo existe em função da finalidade proposta como verdade e que sequer pode ser considerada como aparência da verdade pela falta ou fracasso de experimentação anterior (caso se pretenda científica) ou de qualquer revelação (se religiosa).

Uma vez que nenhuma ciência pode definir a verdade final, bem como religiosos percorrem um caminho revelado com elementos da verdade para que possam conhecer a verdade última no além-túmulo, que espécie de ser superior pode ser capaz de definir qual a verdade da raça e sacrificar todo o processo livre?

A resposta é óbvia: esse ser não tem nada de superior além da força de sedução ou de ameaça. Ele deve se tornar símbolo ou agir com indisfarçada violência.

Por outro lado, por mais que o capitalismo lucre com a estupidez e queira perpetuar a sua dinâmica, o mercado não pode ser confundido com o poder público, este sim responsável pela interrupção da repetição de qualquer processo humanamente frustrante. O que justifica nossa preferência (e, uma vez mais, parafraseamos Gil Vicente) por liberdade que nos derrube a tirania que nos carregue; pois só pode haver esperança (real e não aparente) onde a pessoa goze de liberdade para participar do processo.

Em conclusão, se o capitalismo é campo indiferente à Filosofia da Aparência, o comunismo encarna a própria Estética da Estupidez.


## O estúpido coletivo

Já discorremos acerca do estúpido; mas ainda convêm algumas considerações finais.

A estupidez, por se sustentar da mentira, é fenômeno que odeia a verdade. Diferenciado, por definição, do mentalmente incapaz, ou o estúpido é um manipulador ou ele é um sujeito acomodado, sem curiosidade, puramente violento, preconceituoso ou revoltado. Todos os tipos-ideais têm em comum o desejo solipsista de imposição (com uma variação, como vimos, no caso dos manipuladores).

O estúpido, quando inteligente manipulador da estupidez alheia, sabe que mente na sua defesa da verdade. Já o estúpido manipulado (aquele mesmo sujeito covarde, acomodado, sem curiosidade, preconceituoso, revoltado ou irracionalmente violento) odeia aquele que o informa, para o seu próprio bem, que ele não tem a verdade que pensa deter.

Porque o estúpido é vaidoso, para ele basta a aparência como verdade integral, uma vez que seu intelecto, insistentemente preguiçoso ou induzido a erro por seu próprio despreparo, é incapaz de avançar na arte do pensar. A qualidade da aparência, portanto, reflete o nível de processamento intelectual do estúpido.

O estúpido, incapaz que é de reconhecer a sua incapacidade em decorrência da sua vaidade, aprofunda-se na sua certeza à medida que encontra validação contínua do coletivo (de igual maneira estúpido, além de binário – fator este que eleva o risco da eliminação do grupo, já que uma só orientação diversa pode contaminar o conjunto das demais, pois só existem duas cores, quais sejam, a do grupo e aquela do rival; não existem tons intermediários) e, a cada argumentação racional, lança mão da hipócrita (porque imodesta) desculpa da humildade que, para ele, transforma em entendimento o seu desentendimento e garante a equivalência no debate ao exigir reconhecimento de seu intelecto atávico e com acanhadíssimo desenvolvimento.

Para o estúpido, aqueles que ousarem contraditá-lo (ou se levantarem contra qualquer um de sua tribo) serão elitistas, comunistas, fascistas, stalinistas, frescos, machistas ou, simplesmente, serão invejosos ou não terão *lugar de fala*. Há sempre uma resposta genérica e sem significado para aqueles que enfrentam a verdade através da verdade de desconhecer a verdade.

Realmente, é complicado demais para a mente estúpida pensar no verdadeiro sem a verdade escancarada, porque o verdadeiro, que não é apriorístico, é algo em constante evolução... Um processo que deveria ser percebido pela cognição do homem, mas que não ocorre ao homem estúpido, que percorre o caminho oposto – e nos assusta imaginar que, em algum momento, de tanto involuir, ele passe a se reproduzir por cissiparidade.

Mais delicado ainda é o caso do estúpido do tipo religioso (o religioso não verdadeiro) em decorrência da quase instantânea confusão entre os conceitos de elementos revelados da verdade com a verdade final. No campo religioso, ademais, a averiguação de uma habilidade ajuda na diferenciação entre o religioso de verdade e o religioso estúpido: ao se depararem com a arte, só o primeiro consegue captar a sua essência, a verdade da arte, a sua beleza – estado que só se alcança depois de percorrido o caminho verdadeiro, a técnica.

O religioso verdadeiro, ao mesmo tempo que reconhece inexistirem atalhos ou qualquer outro caminho para que um dia chegue até a verdade, sabe que somente se chega à arte quando observados cada um dos elementos que compõem a técnica. Atalhos ou desvirtuamentos, no caminho ou na técnica, são males que só afastam o sujeito enganado pelo aparente do bem final; sujeito que está sob o risco de, caso não reconheça o engano e siga pelo melhor entendimento que emana da inteligência sublime, nunca alcançar nem a verdade nem a arte.

Afinal, ensina Hegel, arte e religião são etapas fundamentais do caminho do homem à procura do absoluto, porque estão contidas nesse absoluto como tese e antítese de uma síntese.

O mal da valorização da aparência mentirosa infelizmente ultrapassa, portanto, a ciência que, porque é técnica, é arte; perpassa toda a arte, especialmente a música e a literatura, alcança a filosofia, contamina a política e avilta a religião, que tem pecado mortalmente ao manipular a verdade a fim de rebaixar os homossexuais.

Aliás, ainda falando em religião, C. S. Lewis faz uma descrição perfeita da conduta comum a todos os religiosos estúpidos: enquanto o religioso verdadeiro aproxima-se de Deus tal qual um acusado se aproxima do juiz, os papéis são invertidos pelo religioso estúpido, que se acredita juiz e coloca Deus no banco dos réus.

Ao defenderem uma moral falha que nasce de uma falha moral – qual seja, a gradação do mal de forma que restem justificados certos males como necessários – confessam a própria imoralidade através do seu dualismo que confere ao mal uma natureza positiva, substantiva e coerente, ou seja, a mesma natureza do bem. Essa conduta dos estúpidos, pela lógica, significa que o Deus que eles louvam pode ser o Diabo, já que, se o mal tem a mesma natureza do bem e idênticas autonomia e inteireza, nunca poderão diferenciar com certeza o bem do mal, pois, dada a completa identidade essencial, poderiam ter sido facilmente enganados pelo Diabo ao se passar por Deus para a assembleia; bastaria, ao tinhoso, dizer que Deus é o Diabo e exigir que Ele seja combatido com um mal (que é o bem diabólico). Tornando o

## ESTÉTICA DA ESTUPIDEZ

mal necessário, esse mal se transforma em bem ao passo que o bem de Deus sempre poderá ser confundido com o mal.

Mas, se Deus é o bem, Ele não pode sugerir o mal de modo a transformá-lo em bem, a não ser que seja válida a hipótese de que Deus encerre o bem e o mal ou, ainda, que Ele seja somente o mal – o que anularia o Diabo ou o transformaria em bem. Uma vez que essa valorização do aparente se obtém pela confusão de elementos inconciliáveis, permitimo-nos cometer uma simples confusão de singelas letras e pregar que os estúpidos são dotados não de massa encefálica, mas, sim, de massa *enfecálica*.

TERCEIRA PARTE

# ONDE CHEGOU

# HOMOFOBIA EM CRISTO

## O bom Jesus e o terrível Cristo

Há quem pense que não existe pecado do lado de baixo do Equador. Duvidamos muito... O que não é motivo, no entanto, para que uma certa Ministra de um certo Estado laico tropical afirme, com o característico orgulho dos estúpidos, a seguinte estupidez: "O Estado é laico, mas esta Ministra é terrivelmente cristã".

Apesar da grande dúvida sobre a existência do pecado, a verdade que não se pode negar é que não existe desgraça pouca do lado de baixo do Equador.

Se a declaração da Ministra de Estado causou espécie aos dípodes, ela foi apenas um trovão anunciando a tempestade do absurdo seguinte. O Presidente, de quem a desavisada criatura é *longa manus*, em fala indesculpável (quer em política, quer em religião), aumentou a aposta ao dizer: "Nós somos terrivelmente cristãos. E esse espírito deve estar presente em todos os Poderes. Por isso, meu compromisso. Poderei indicar dois ministros para o Supremo Tribunal Federal. Um deles será terrivelmente evangélico". Por algum motivo que escapa ao próprio Evangelho, Aquele que foi brutalmente assassinado para o perdão dos pecados do mundo, inclusive dos seus algozes, passou a atender pelo nome de Cristo, o Terrível.

Há mais de uma década, uma das leituras mais descompromissadas que fizemos foi a de um romance do inglês Philip Pullman, *The good man Jesus and the scoundrel Crist*. A obra divide Jesus Cristo em dois, quer dizer, nos irmãos gêmeos Jesus, um homem bom e de autoridade espiritual genuína, e Cristo, um ser infame, frágil e de alma imaginativa, cujas dúbias intenções se revelam quando este tenta, sem sucesso, influenciar aquele, que parecia mais interessado na espiritualidade e na palavra do que em realizar milagres e exorcismos.

Agindo como um *coach* para o irmão Jesus, o bom homem que se preparava para debater com um legisla, Cristo, o infame *expert* na erística de Schopenhauer, sugere, por exemplo, a manipulação emocional do público como técnica de persuasão para vencer o debate mesmo sem ter razão.

Outro personagem misterioso aparece na estória: um grego que vive a aparecer para Cristo (o gêmeo mau) sem nunca revelar a sua identidade. Uma de suas falas é reveladora de seu conluio com Cristo para escrever a história do Reino de Deus valendo-se do modelo de Jesus (o gêmeo bom): "Existe o tempo e existe o que está além do tempo. A história pertence ao tempo, mas a verdade fica além dele. Ao escrever sobre como as coisas deveriam ter sido, estás permitindo à verdade entrar na história"[34]. Essa divisão de Jesus Cristo nos gêmeos Jesus e Cristo parece uma invenção boba, mas está muito longe de ser.

Em 1740, veio a público a descoberta do fragmento (ou cânone) de Muratori, trecho de uma lista datada do século 2 que mencionava um livro canônico de sua época e que ninguém, no século 18, cogitava existir: o *Apocalipse de Pedro*. No século 19, escavações encontraram um texto grego intitulado *Apocalipse de Pedro* em uma necrópole egípcia. Outro *Apocalipse de Pedro*, agora em língua copta, foi encontrado em Nag Hammadi em 1945. Com o conteúdo diverso, dificilmente o texto copta poderia ser considerado canônico em qualquer fase da

---

[34] PULLMAN, Philip. *O bom Jesus e o infame Cristo*. Trad. Christian Schwartz. São Paulo: Companhia das Letras, 2010, p. 123.

cristandade; mas é esse texto que nos intriga quando lembramos do mencionado romance inglês.

O texto de Nag Hammadi (e é certo que nem este nem o outro Apocalipse são da autoria do Apóstolo Pedro; são pseudoepígrafes, portanto), ao descrever a crucificação, relata que, enquanto um Jesus era crucificado, um outro Jesus ria. Este, ainda, fazia troça da humanidade ao prever que ela se apegaria ao morto e, convencendo-se de estar pura, se macularia ainda mais.

Além dessa descoberta, a estória de Pullman (lida, refletida, assimilada, mas deixada de lado logo na sequência) voltou a povoar nosso pensamento após longos anos, no momento que decidimos nos aventurar em alguma leitura de Platão – começando pelos textos mais fundamentais e chaves para o seu entendimento de *bem*, *verdade* e *felicidade*.

Uma luz se acendeu após a leitura conjugada de *Górgias*, *Protágoras* e *A República*. Tal luz ganhou significativo relevo após a leitura complementar do primeiro volume da obra *A Sociedade Aberta e os Seus Inimigos*, de Karl Popper; ainda mais depois, voltando a Platão, d'*As Leis*, d'*Apologia de Sócrates* e de *Fédon*.

Sobre a filosofia de Platão, importa notarmos que ela se desenvolve para estabelecer um sentido único de *bem*, de *verdade*. Acrescente-se a isso a invenção de um verdadeiro axioma (conclusão sem nenhum argumento que os sustente, portanto) sobre esse *bem* estar intrinsecamente ligado à alma das pessoas, voltado para os arranjos e ordenamentos da alma, para a justiça e a temperança, e temos, inegavelmente, a essência do monoteísmo.

Não é de se descartar a hipótese de que Platão tenha tomado conhecimento do movimento de fato monoteísta que se deu entre os israelitas durante o reinado de Josias no final do século 7 a.C. Aliás, a Torá foi reduzida a termo no mesmo século 5 a.C. (por volta de 450 a.C.) em que Platão nasceu (em torno de 428 a.C.).

Para além da supremacia de um único *bem*, uma única *verdade* funciona de maneira idêntica à supremacia universal do Deus único. A filosofia platônica, aparentemente inspirada no judaísmo então nascente, avança nesse ideal monoteísta aperfeiçoando o modelo teórico e, de quebra, trazendo uma solução prática, qual seja, o método de convencimento ou dominação que, se não foi utilizado pelo judaísmo, foi bem assimilado pela Igreja a partir de Constantino – e a chave dessa afirmação encontra-se em Sócrates.

Tomando a figura histórica de Sócrates através dos relatos de outros autores contemporâneos a ele, bem como considerando a personalidade que emerge do personagem Sócrates de uma primeira fase da obra platônica, muito anterior e diferente do personagem Sócrates que emerge n'*A República*, temos o retrato de um homem questionador e, à sua maneira peculiar, humilde, perdido em pensamentos, afundado em intermináveis questionamentos, dominado pela dúvida e que admite *só saber que nada sabe a respeito de ser o homem mais sábio entre os homens, uma vez que, dentre os que sabem, reconhece que nem tudo sabe.*

A despeito das argutas considerações de Nietzsche sobre a falsa modéstia de Sócrates – a quem chama de "homem mais feio do mundo", por ser feio fisicamente, moralmente e intelectualmente; um dos primeiros grandes ressentidos que maculou a história –, o Sócrates de Platão antes de sua obra-prima, ao mesmo tempo que não se contenta com nenhuma resposta simples, condena veementemente a técnica da persuasão mediante mero discurso carente de ciência, de razão; através de uma oratória bela e convincente pela técnica da retórica, que infunde crença sem saber e nenhum conhecimento; instrumento valioso para quem pretende cometer uma injustiça.

Em *Górgias*, afasta de si aquele Cálicles e prega que é mais vergonhoso cometer do que sofrer uma injustiça:

> eu afirmo, Cálicles, que o mais vergonhoso não é ter a têmpora rachada injustamente, ou ter a minha bolsa ou o meu corpo lacerados, mas é pior e mais vergonhoso rachar a minha têmpora e lacerar as minhas propriedades injustamente, ou roubar-me, escravizar-me, violar a minha casa.[35]

---

[35] PLATÃO. *Górgias*. Trad. Daniel R. N. Lopes. São Paulo: Perspectiva, 2016, p. 391.

ESTÉTICA DA ESTUPIDEZ

Tanto prefere sofrer a injustiça que aceita a pena de morte para eternizar seu pensamento. Muito diferente é o Sócrates que emerge n'*A República*.

Se, em *Górgias*, todavia, Platão dá uma pista da mudança de rumo quando põe na boca de Sócrates um elogio ao uso da *persuasão e da força* por um *bom político* a fim de domar os *apetites* humanos e formar melhores cidadãos, é n'*A República* que nos deparamos com um Sócrates abertamente autoritário: só o filósofo, único capaz de contemplar o verdadeiro *bem*, a *verdade*, é, portanto, também o único capaz de ministrar felicidade ao povo – povo que só será feliz quando internalizar a aceitação de sua realidade social de nascimento, conformando-se a ela de maneira absoluta de modo que não queira transpô-la.

Em outras palavras, na cidade ideal regida por uma constituição ideal, deve vigorar um sistema de castas intransponível dentro de um reinado autoritário cujo trono ele reclama para si, o *Filósofo-Rei*.

Em resumo, a despeito das (**a**) evidências históricas que consideram o ressentimento e a arrogância nas posições de Sócrates – (**b**) de origem humilde e (**c**) analfabeto –, (**d**) o conjunto da obra de Platão transforma (**e**) esse fascinante homem solteiro (**f**) sempre acompanhado dos discípulos homens e que (**g**) *sabe nada saber da sabedoria*; o (**h**) livre-pensador (**i**) sem obra escrita que, (**j**) através de mitos, (**k**) prega ser melhor sofrer uma injustiça do que a cometer, (**l**) afastando Cálicles de si; um (**m**) verdadeiro incômodo para os poderosos atenienses que, (**n**) depois de um banquete do qual os convivas saem "noite adentro" (expressão usada por Platão), (**o**) é injustamente julgado, mas, mesmo assim, (**p**) aceita com serenidade sua pena morte para a (**q**) redenção do pensamento no mundo [e que, curiosamente, (**r**) na última conversa com um de seus discípulos, Críton, pede que um *galo* seja sacrificado para o deus Asclépio]; esse mortal é transformado na figura do (**s**) Filósofo-Rei, (**t**) único sabedor do caminho para a felicidade por ser conhecedor da verdade universal única e imutável.

E o que o cristianismo tem a ver com isso?

Talvez seja uma coincidência banal e, por isso, deixaremos que o estimado leitor tire as suas próprias conclusões: a despeito das (*a*) evidências históricas que consideram o ressentimento e a ferocidade das pregações de Jesus – (*b*) de origem humilde e (*c*) provavelmente analfabeto –, (*d*) a narrativa bíblica transforma (*e*) esse fascinante homem solteiro (*f*) sempre acompanhado dos discípulos homens e que (*g*) não responde "o que é a verdade"; (*h*) um livre-pregador (*i*) sem obra escrita que, (*j*) através de parábolas, (*k*) prega ser melhor dar a outra face ao agressor do que reagir com violência, mesmo que tenha cogitado em (*l*) afastar o cálice de si; (*m*) um verdadeiro incômodo para os poderosos jerosolimitas que, (*n*) depois de uma ceia da qual Judas "saiu e era noite" (expressão usada por João), (*o*) é injustamente julgado, mas, mesmo assim, (*p*) aceita com serenidade sua pena morte para a (*q*) redenção dos pecados no mundo [e que, curiosamente, (*r*) na última conversa com um de seus discípulos, Pedro (ou Cefas, segundo Paulo), profetiza que será por ele negado antes do cantar do *galo*]; esse mortal é transformado na figura do (*s*) Rei Universal, (*t*) aquele que é o único caminho para a felicidade eterna porque é senhor da verdade universal única e imutável.

A conclusão é espantosa. E mais espantados ficamos ao descobrir que, no século 19, o paralelo entre Sócrates e Jesus era verdadeira obsessão de filósofos e filósofos da religião.

Ela se torna ainda mais pertinente quando nos deparamos com o debate histórico-científico: se Platão, que manipula a personalidade de Sócrates em razão de seu desencanto com Atenas, suaviza a figura controversa de Sócrates para, depois, glorificá-la, não é menos certo que Paulo, transformador radical de Jesus em Cristo por sua profunda desilusão com Jerusalém, também tenha suavizado a figura controversa de Jesus para, depois, glorificá-la em Cristo. De forma que, se assiste razão à Nietzsche quando diz que "Platão se serviu de Sócrates como uma *semiótica* para Platão"[36], não existe razão para que não se

---

[36] NIETZSCHE, Friedrich. *Crepúsculo dos ídolos*. Trad. Paulo César de Souza. São Paulo: Companhia de Bolso, 2016, p. 18.

possa afirmar, em igual medida, que Paulo se serviu de Jesus como uma *semiótica* para Paulo.

E passamos a nos referir a Paulo no lugar de "narrativa bíblica", porque dele são os primeiros escritos cristãos de que se tem notícia (sua última carta é, pelo menos, 11 anos mais antiga que o primeiro dos quatro Evangelhos), de forma que ele pode ter inspirado os Evangelistas – o que se torna bastante provável quando um deles, Lucas, foi seu discípulo (e adorador). Assim, os escritos anteriores de Platão têm, para Sócrates, o mesmo efeito que os Evangelhos têm para Jesus: geram profunda empatia e compaixão.

Por sua vez, *A República* transforma o injustiçado e incompreendido Sócrates na figura do Filósofo-Rei (Sócrates está morto e as leis que o condenaram devem ser esquecidas), ao passo que as cartas de Paulo transformam o injustiçado e incompreendido Jesus em Cristo [palavra que nos vem do grego Χριστός (*Christos*) como opção de tradução para o termo hebraico "Messias", חִי.שֶׁ.מ (/mashiah/), na Septuaginta], o próprio Deus na Segunda Pessoa da Santíssima Trindade (Jesus está morto e a Lei que o condenou deve ser varrida).

Acrescente-se o intercâmbio missionário entre Paulo de Tarso (judeu e cidadão romano educado na língua grega, já familiarizado com Platão nos anos iniciais de sua instrução formal) e Apolônio de Tiana, e seremos obrigados a descartar a hipótese da coincidência.

Apolônio foi discípulo de Fílon de Alexandria, cuja obra é, por sua vez, uma declarada harmonização do monoteísmo judaico com os ideais platônicos (sua leitura da Torá é quase toda feita à luz de Platão). Apolônio, inclusive, era uma celebridade de seu tempo, tendo sido descrito por Filóstrato, Luciano de Samósata e Dião Cássio com características físicas e de personalidade muito semelhantes (para não dizer iguais) às de Jesus dos Evangelhos e, mais tarde, da iconografia apostólica (Diocleciano, no século 4, comparou Apolônio a Jesus Cristo). Cabe anotarmos, por fim, que Apolônio atuava, dentre inúmeras frentes, como sacerdote do templo de Asclépio – deus com o dom da cura (e em cujo bastão se inspirou o símbolo da Medicina), a quem Sócrates mandou sacrificar um galo (ou para curar Atenas de sua doença política ou para se curar da vida com a morte). Não é absurdo, portanto, pensarmos que o galo evangélico apareça no ato da morte de Cristo como um paralelo do ato da morte de Sócrates e possa significar uma mensagem para Pedro: o canto do galo purgaria Pedro do mal da covardia de haver negado Cristo – ainda mais quando sabemos do ressentimento de Paulo para com Pedro, que rompeu um acordo missionário celebrado entre eles por medo de Tiago, líder dos apóstolos depois da morte de Jesus.

Acrescentemos, ademais, que a condenação dos homossexuais feita por Platão (algo que jamais poderia ter saído da boca de Sócrates por razões óbvias – especialmente depois d'*O Banquete*, verdadeira pornochanchada homoerótica) acontece também em Paulo a despeito da absoluta indiferença de Jesus sobre o tema.

Paulo, é fato, subverteu a filosofia na maioria das vezes. É considerado por Badiou um *antifilósofo*, mas não se pode negar que tenha repetido Platão para a construção do Reino: ambos separaram um homem em dois para pregar o segundo a fim de justificar um reino para eles ideal.

No tocante ao cristianismo, com a supremacia do seu ser divino (Cristo, representado pelo Papa, alcançou o objetivo que o Filósofo-Rei somente sonhou), convinha retomar Platão para continuar a caminhada rumo ao seu respectivo reino ideal. Ora, que é a *Cidade de Deus* de Santo Agostinho senão *A República* de Platão adaptada? E o que foram as cruzadas e inquisições senão a realização daquele elogio platônico ao uso da *persuasão e da força* por um *bom político* a fim de domar os *apetites* humanos e formar melhores cristãos?

E ai de Jesus se ousasse contrariar torturas e fogueiras, porque seria, no mínimo, preso, como n'*Os Irmãos Karamazov*, de Dostoiévski, além de duramente repreendido pelo Grande Inquisidor, que o lembraria de que "ele não tem nem o direito de acrescentar nada ao que já dissera antes".[37]

---

[37] DOSTOIÉVSKI, Fiódor. *Os irmãos Karamázov*. 3. ed. Trad. Paulo Bezerra. São Paulo: 34, 2012. v. 1. p. 347-348.

Mas, enquanto a Igreja Romana, depois de conferir condições para o advento dos direitos humanos fundamentais na Modernidade, fez seu *mea culpa* e tem observado, cada vez mais, o mandamento cristão do amor, novas matrizes evangélicas clamam pelo Cristo confundido com Barrabás: o terrível Cristo que assentiu com a fogueira dos hereges e tem assentido com toda sorte de discriminação e intolerância, especialmente contra minorias sexuais e religiões de outras matrizes; um Cristo com essência platônica, cujo ideal de *bem*, no fim das contas, é unicamente o *bem de quem tem o poder*.

Em síntese, recorremos à perspicácia do pensamento de George Steiner:

> Duas mortes determinaram, em grande parte, o tecido da sensibilidade ocidental. Dois casos de pena de morte, de assassinato legal, encontram-se nos alicerces de nossos reflexos religiosos, filosóficos e políticos. São duas mortes que presidem nossa percepção de nós mesmos, quer no sentido metafísico, quer no cívico: a de Sócrates e a de Jesus. Somos ainda, no dia de hoje, filhos dessas mortes.[38]

Se é justo, por fim, destacarmos que, só em Jesus (o bom) – e é de Jaspers o trabalho comparativo entre Sócrates, Buda, Confúcio e Cristo – encontramos o comando radical do amor pelo inimigo, é com tristeza que constatamos, ainda hoje, que servos de Cristo (o terrível) confundem os termos dessa ordem e se mostram radicais inimigos do amor.

## Dois Paulos

### O ataque a Paulo

Vivemos templos difíceis.

---

[38] *Op. cit.*, p. 437.

Templos desprovidos de qualquer ascética e de toda a *koinonia* cristã – conforme Steiner, a adoção de uma escatologia do sucesso materialista-financeiro representa um corte radical em relação à tipologia de valores sociais florentina ou grega – que evidenciam a decadência da fé e a profanação do sagrado, que acaba inserido nas relações de oferta e procura de um mercado de consumo específico através de bens simbólicos, articulados e sustentados por meio da crença ou, ainda, pelo inegável recrudescimento da velha venda de indulgências revista à luz do materialismo moderno (uma redenção *prêt-à-porter*, que não passa de dominação pela ganância). Templos repletos de fiéis que mais parecem clientes buscando soluções mágicas para os problemas do cotidiano.

Vivemos templos assustadores: "Quem é maior: Deus ou o cardiologista? Quem é maior: Deus ou o oncologista? Em quem você deve confiar: em Deus ou nos médicos? É melhor dar o dízimo ou pagar uma consulta?"

Templos mortais!

Não bastasse o velho truque tosco da glossolalia mal interpretada – e que só fala a mesma língua de um país do Oriente Médio que jamais existiu (a qual o Espírito Santo sequer se dá o trabalho de falar sem sotaque), mas que literalmente acompanha Nelson Rodrigues quando diz que a plateia só respeita aquilo que ela não entende – sacerdotes de muitas denominações pentecostais e neopentecostais se tornaram o que Jesus mais odiou: não foram adúlteras, prostitutas ou homossexuais... Nem mesmo com Satã Ele perdeu a compostura; o único público contra o qual Jesus reagiu com violência – violência verbal, física e descomunal, aliás – foi o grupo dos vendilhões do Templo.

Tão ricos e poderosos quanto os sumos-sacerdotes e, simultaneamente, tão baratos quanto qualquer camelô daquele Templo, eles, hoje, representam a única coisa que encheu Jesus de ira e, não bastasse, usam o Seu santo nome para condenar outras coisas que Ele mesmo ignorou.

O Sr. Malakaia, por exemplo, está no pódio nacional dos vendilhões com maior fortuna pessoal. Ele pode bater no peito e dizer:

ESTÉTICA DA ESTUPIDEZ

"Vinguei-me de Jesus, colegas vendilhões! Usei o nome Dele e fiz milhões a título de indenização pelos danos que nos causou em Jerusalém. Sim, senhores: com 2 mil anos de juros e correção monetária mais impostos e taxas! Ainda por cima, em nome Dele, estraguei a vida daqueles que Ele protegeu ou aturou. Vencemos, vendilhões! Aquele comunista vai ter que pensar duas vezes antes de gritar desaforos, virar mesas e estalar o seu chicote contra nós".

Dos vendilhões de seu templo com filiais em todo o país, Sr. Malakaia é um dos mais famigerados – para não dizermos o maior.

Contudo, foi outro vendilhão deste templo que nos chamou a atenção e fez com que chegássemos até a presente página: trata-se de José, o Ímpio, que declarou, em uma das suas redes sociais, que estava orando pela morte do ator Paulo Gustavo – então internado e desacordado em estado gravíssimo, em decorrência da Covid-19. As palavras da danação:

*"Esse é o ator Paulo Gustavo que alguns estão pedindo oração e reza. E você vai orar ou rezar? Eu oro para que o dono dele o leve para junto de si."*

Trocando em miúdos, como que num ritual de missa negra, onde os iniciados se embriagam com o sangue de sacrifícios humanos oferecidos a um deus maldito, José, o Ímpio, chamou sua freguesia para orar junto a ele na esperança de que fosse ouvido por Satã (afinal, que outra entidade sobrenatural atenderia os ímpios?) para que convencesse o seu colega Deus a vir buscar a alma de seu filho Paulo Gustavo.

Sim, leitor, esse é o significado de "dono dele", pois, não é novidade para ninguém, o ator era gay (um gay que levava alegria e alento para a vida de seus fãs, enquanto José, o Ímpio, engana e depena seus clientes). "Dono dele" quer dizer, assim, o dono dos homossexuais e transexuais que, por certo, não podem ter o mesmo "dono" que a sua clientela.

Realmente, é complicado afirmar que temos o mesmo "dono", já que nós, homossexuais, não temos a mesma naturalidade que o desabrochar de uma flor-de-lis.

Mas o vendilhão José, o Ímpio, é um homem que sustenta seu discurso: apagou a publicação. Porque as críticas não paravam e eram cada vez mais severas, José, o Ímpio, matutou. Matutou. Matutou. E, homem com *h* de hipócrita que é, tomando como régua o nível intelectual dos seus fregueses (e dele próprio), publicou um pedido de desculpas no qual – Estética da Aparência – repetiu algumas vezes a palavra "desculpa" sem que, de fato, se desculpasse.

Com seu português lamentável – logo ele, um vendedor da palavra, verdadeiro homem com *h* de analfabeto –, depois de gastar mais da metade da página elogiando a si mesmo, confessa que, com a declaração criticada, tentou defender a honra de *seu Deus*, mas, agora, percebeu que *seu Deus* "não precisa de quem defenda a sua honra". Algo do tipo: *Desejei a morte dos homossexuais, pois ferem a honra do meu Deus. Errei! Afinal, o meu Deus vai acabar com essas aberrações sem precisar de pedido.*

Em verdade vos dizemos: Jesus morre novamente a cada episódio como esse, pois, sendo Ele Deus e, portanto, livre do fator tempo criado para nós, os seres mortais, toda condenação equivocada e toda conclusão herética que se debitam em Seu santo nome fazem com que Ele seja despido eternamente e deixado com um trapo na cintura e, encharcada a face do sangue que escorre das feridas provocadas pela coroa dada por aqueles que o chamam de Senhor, suba, até o fim dos tempos, na cruz que há no céu e serve de modelo a todas as outras. Se Jesus foi condenado e crucificado pelos homens de seu tempo, o foi porque esses homens distorceram a sua mensagem.

Porque é divino, todavia, entendedor da crueldade, da ganância ou do fanatismo dos crentes que, nestes templos, chamam-no de Rei, agindo – ainda que não desconfiem em razão da santa Glória das suas ignorâncias – da mesma forma que agiram em Jerusalém, ou seja, com zombaria e demonstração de desprezo, Ele se apieda, pois, em Sua misericórdia divina, sabe que nada sabem.

A teologia – se é que se pode chamar de teologia a estupidificação escancarada do sagrado – adotada por esses vendilhões dos templos que servem ao dinheiro – significado de "mamom" das traduções do Evangelho: do grego neotestamentário, μαμωνά (*mamoná*) significa "riquezas deste mundo"; trata-se de transliteração de אנומם (*mamona*), palavra do aramaico falado por Jesus, derivado popular do hebraico זומם (*mamom*) – não serve nem se trata do Deus revelado por Moisés.

Servos de *mamom*, vendilhões como José, o Ímpio, na esperança de conhecer a glória do Sr. Malakaia, o vendilhão que os vendilhões querem ser quando crescer o patrimônio, não podem, segundo Jesus Cristo, servir a Deus à luz das Escrituras: "ου δύνασθε Θεώ δουλεύειν και μαμωνά" (Mt 6,24).

Mesmo que esses vendilhões nos acusem de falar grego, tão certo quanto a luz do Sol é que eles jamais leram o Evangelho com atenção. Usam, escandalosa e maquiavelicamente, trechos que, inadvertidamente, costuram com outras partes da Bíblia a fim de criarem bodes expiatórios e atingirem seus fins *dizimélicos*.

Sim, são fonte inesgotável de ódio. As palavras de José, o Ímpio, atingiram esse objetivo. Tomamos a liberdade de, dentre muitas manifestações de ódio contra Paulo Gustavo (e contra nós, porque homossexuais), transcrever o comentário de uma "evangélica" brasileirinha chamada Sarah J. que nos chamou muito a atenção [desde já, *sic* para todo o texto]:

> Homossexualismo é pecado e pronto! Ninguém vai mudar a palavra de Deus, agora não pensa que no Céu vão entrar de qualquer maneira, precisa renunciar a própria vida, não é assim que funciona, Procurem ler a Bíblia, As pessoas estão cegas da verdade, e querem atacar os cristão, querem achar bonitinho, querem que seja normal, mas não é... que Deus tenha misericórdia da alma dele, e que haja tempo de Arrependimento. Profeta de Deus não tem que ter medo de falar a verdade.

Nós teríamos pena se não tivéssemos sofrido tanto por esse pensamento falso, pobre e torpe. E porque é expressão perfeita da estupidez, nem a triste morte do Grande Mestre do Humor fez despertar a mínima compaixão cristã desses criminosos estúpidos:

houve quem comemorasse o fato com aplausos e risos, deixando claro que a homossexualidade é "a doença de maior sucesso do momento".

Se pudéssemos falar com esses "cristãos" do *anticristo*, diríamos: leiam (mas, primeiro, é indispensável que aprendam a ler e a interpretar textos) os quatro Evangelhos (se não no original grego, em uma tradução séria). Não se encontra, neles, uma só palavra, uma sugestão sequer que condene o homossexual.

*Non, rien de rien*: Nenhuma. *Nemo.* Ὄχι. אל.

"Ah!", com brilho triunfante no olhar, peito estufado e dedo em riste, dirão, prontamente, os nossos vendilhões tão inocentemente culpados [ou culposamente inocentes?] em coro com a estúpida freguesia, "Paulo Apóstolo condena veementemente!"

É chegado o momento: depois do ataque a Paulo Gustavo, precisamos falar do ataque de Paulo de Tarso.


## *O ataque de Paulo*

Paris está ocupada pelos nazistas com assentimento entreguista dos partidários de Pétain. Faz oposição clandestina à Resistência. Paulo, francês filho da burguesia e perseguidor dos resistentes, vai em missão a Barcelona na Espanha franquista. No caminho, ainda no sudoeste francês, o fascista Paulo é iluminado e passa para o lado da Resistência.

Esse é o roteiro de *San Paolo*, filme de Pier Paolo Pasolini que nunca foi rodado (mas disponível em livro pela editora italiana Garzanti) e no qual Paris é a nova Jerusalém: a ocupação nazista substitui a romana, os partidários de Pétain são os fariseus ao redor do sumo-sacerdote e a estrada para Barcelona ocupa o papel do caminho para Damasco. Sua ideia, diz o aclamado italiano, é "cosa violentíssima contro la Chiesa e contro il Vaticano"[39], pois constrói

---

[39] DE GIUSTI, L. Pasolini P. P.: La perdita della realtà e il cinema inintegrabile (conversazione con G. Bachmann del 13 settembre 1974). In DE GIUSTI, L. (a cura di). *Cinema in forma di poesia*. Pordenone: Cinema Zero, 1979, p. 156-157.

um Paulo duplo, esquizofrênico, claramente dissociado em dois: um é santo (fascinado pela santidade de Cristo); o outro é moralista *sexofóbico* (dominado pelo ideal de poder do Pai – que acaba criando um aparelho coercitivo para dominação da humanidade). Pasolini entende que a questão do cristianismo cruza a do comunismo tendo Paulo como protagonista – um herói vencido com a corrupção do santo pelo padre. Nessa esteira de pensamento, Badiou enxerga em Paulo – "grande escritor, conciso, formulador, que sabe deixar para o momento oportuno raras e poderosas imagens" – um Lênin do qual o Cristo teria sido o Marx equivocado.[40]

Feitas essas considerações iniciais, partiremos para três temas desafiadores, a fim de entender o ataque de *homofobia em Cristo* que, em todo o conjunto neotestamentário, só se encontra em Paulo. São Eles:

(i) o desconhecimento da vida de Jesus;
(ii) seu apostolado autoimposto; e
(iii) seu indisfarçável conflito sexual.

### (i) *Paulo jamais conheceu Jesus, irmão de Tiago*

Dizemos "Jesus, irmão de Tiago" porque o único escrito não cristão que menciona Jesus – e que foi, por muito tempo (e alguns consideram que ainda seja), a única prova histórica de sua existência – é de autoria de Flávio Josefo que, em seu *Antiguidades Judaica* (94 d.C.), ao dar a notícia da morte de Tiago (e o nome "Tiago" é uma impressionante reconstrução lusófona a partir do correlato latino do nome "Jacó") menciona: "**Tiago, irmão** de **Jesus**, chamado Cristo".

Fora dos testemunhos e relatos cristãos, nenhuma outra notícia se tem de Jesus ou de sua vida, sobre a qual Paulo, inclusive, jamais teve a pachorra de informar o que quer que seja, mesmo dispondo

---

[40] *Op. cit.*, p. 8.

de fontes de primeira mão (os apóstolos), em especial Pedro (a quem chama de Cefas), com o qual parecia ter um bom relacionamento em um primeiro momento – oportunidade que, é possível, nem os reais autores dos Evangelhos tenham gozado.

Em suas cartas, Paulo jamais narra a vida de Jesus. Pelo contrário, ele é totalmente indiferente a ela. Afinal, Paulo nunca conheceu Jesus, irmão de Tiago (o apóstolo, sucessor na liderança do grupo de discípulos após a crucificação, que foi, até o momento da sua morte, declarado inimigo de Paulo).

Paulo de Tarso pode ter inspirado algum dos quatro evangelistas canônicos (cada um deles, apesar das contradições e dos conflitos, é um relato dos relatos obtidos sobre a vida de Jesus a partir de testemunhos e documentos que circulavam à época – o primeiro é datado do ano 70 da nossa Era, ou seja, cerca de 11 anos depois da última carta de Paulo), mas ele não é autor de nenhum dos Evangelhos.

Nenhum. *Nemo.* Κανένας. אלל.


## (ii) *Paulo se autointitulou apóstolo*

Paulo foi tão aposto quanto Valdemiro.

Nunca tendo conhecido Jesus na sua condição humana, Saulo, nome pré-cristão de Paulo, era um fanático que perseguia discípulos do Jesus crucificado. Ele se autointitula apóstolo depois da notícia da ressurreição – a contragosto, sob todos os protestos, críticas e desmentidos dos 11 apóstolos (Judas Iscariotes, obviamente, já não estava entre eles) que, inclusive, de tudo fizeram para difamar Paulo em suas comunidades cristãs.

É Paulo quem cria o cristianismo. É ele quem, contrariando os 11 apóstolos, cria as bases que divorciam definitivamente o cristianismo do judaísmo e que dão condições para que se tornasse a religião universal – e não sumisse como tantas outras seitas judaicas que existiam na mesma época. Contudo, nunca foi um dos 12 apóstolos (e nos espantamos com o enorme número de crentes que não fazem ideia disso).

## (iii) *Será que ele foi?*

Por que só os homossexuais?

Da sua análise das epístolas, Badiou conclui que Paulo "contém obsessões, crenças, labirintos infantis, perversões diversas, lembranças impartilháveis, leituras de fragmentos das mais variadas origens, um grande número de besteiras e quimeras"[41].

Como pode alguém pregar tão enfaticamente que Deus não faz distinção entre as pessoas (cf. Gl 2,6 e Rm 2,10); que, a partir da ressureição de Cristo, "(n)ão há mais judeu nem grego, não há mais escravo nem livre, não há mais homem nem mulher" (Gl 3,28) e, ao mesmo tempo, ser exclusiva e unicamente[42] severo e odioso com a homossexualidade (masculina e feminina)?

De fato, sua doutrina de amor e igualdade sofre uma injustificável ruptura, em termos de lógica, quando traz à tona a questão da homossexualidade. Sua escatológica condenação dos homossexuais, especialmente na carta aos Romanos, apresenta tom desproporcional, que chega a ser belicoso e nos remete à disposição de Hitler para com judeus, homossexuais e ciganos. Aliás, esse posicionamento espantoso de Paulo serviu como justificativa para a instituição da pena de morte para homossexuais no mundo cristão entre os séculos 4 e 19. Transcrevemos:

> as fêmeas deles trocaram o uso natural por um que está para lá da natureza; e do mesmo modo também os machos, rejeitando o uso natural da fêmea, abrasaram-se no desejo de uns pelos outros, machos nos machos praticando o indecoro e recebendo em si mesmos a recompensa que era devida do seu equívoco. E como não discerniram ter Deus no conhecimento, Deus entregou-os a uma inteligência sem discernimento, para fazerem coisas indecentes, cheios de toda injustiça, iniquidade, ambição,

---

[41] *Loc. cit.*

[42] *Quanto aos textos ditos machistas ou misóginos, não são da lavra de Paulo. Encontram-se nas epístolas pseudopaulinas.*

maldade; cheios de inveja, matança, discórdia, falsidade, malícia; são difamadores, maldizentes, inimigos de Deus, insolentes, arrogantes, fanfarrões, inventores do mal, desobediente dos pais, desprovidos de inteligência, desleais, incapazes de amor, incapazes de sentir misericórdia. Estes, conhecendo o veredicto de Deus – de que são merecedores de morte os que praticam essas coisas – não só as fazem como até aprovam os que a praticam. (Rm 1,26-32, na primorosa tradução de Frederico Lourenço).

Essas palavras representam um descomunal aprofundamento de seu ódio pela homossexualidade já inserido na Primeira Carta aos Coríntios (historicamente anterior a Romanos – esta é, contudo, inserida na Bíblia antes de todas) quando diz que, dentre outros perfis, afeminados e homens que se deitam com homens não herdarão o Reino de Deus (1Co 1,9). Por fim, os "machos que se deitam com machos" são novamente condenados em carta a Timóteo (1Tm 1,10), mas este é um escrito *pseudopaulino.*

A ira indisfarçada de Romanos revela mais do que Paulo gostaria.

Essa contradição inconciliável entre a humanidade igualitária que Paulo propõe e a destoante descrição dos homossexuais somada a questões pessoais do fundador da Igreja, deve-se, conforme Pasolini, ao seu desejo homossexual reprimido, o que requer detida análise.

### Educação grega

Sócrates, sabemos por Platão, tinha sorte no amor. Despertava o desejo dos jovens por sua suposta sabedoria e inegável eloquência mesmo sendo conhecido como o homem mais feio de Atenas. Nietzsche, que o chama de *homem mais feio do mundo,* explica que toda moralidade construída por Platão a partir de Sócrates teria origem no feiume deste, pois, feios como são os moralistas, nunca desejam a felicidade do resto da humanidade.

Paulo também era feio: demasiado calvo, de nariz adunco, sobrancelhas unidas e pernas tortas. Ele, ao contrário de Sócrates, tinha inquestionável sabedoria, mas nenhuma eloquência verbal. Mesmo se desconsiderássemos a sua formação religiosa e o tabu homossexual nela inserido, dificilmente teria a mesma sorte de Sócrates com os belos rapazes, pois não tinha nenhum dos dois atributos da atração sexual universal, cuja origem se perde na noite dos tempos: beleza ou lábia.

Judeu fariseu, Paulo nasceu em Tarso, durante o Império Romano. Era considerado, portanto, um judeu helenizado. De fato, nascido e educado na cultura grega de sua cidade natal, é certo que tenha se deparado com a figura de Sócrates, um notório homossexual morto pela democracia ateniense três séculos antes. Sócrates vivia cercado dos rapazes mais belos (e abastados) de Atenas. Seriam rapazes ou crianças?

A pergunta acima é importante: contrariamente àquilo que pregam os estúpidos incautos, a homossexualidade, como a encaramos hoje, era considerada abjeta na Grécia Antiga. O intercurso homossexual masculino permitido era aquele dentro de uma relação entre o mentor e o seu pupilo, sempre das classes mais altas da sociedade, que não poderia ter mais do que 14 anos de idade (momento em que passava a ser considerado homem), desprezando toda e qualquer manifestação de efeminação. Assim, não há que se falar em homossexualidade, uma vez que o menino ainda não era considerado homem.

Sir Kennetth James Dover esclarece ainda, em primorosa monografia, que, sendo cidadão grego, o homem só pode ter relações sexuais ativas. O sexo homoerótico passivo era papel de escravos, prostitutos e gentios; e o cidadão grego que o praticasse poderia ser rebaixado. Com relação aos pupilos, então, enquanto não são homens, até os 14 anos, podem desempenhar o papel passivo do ato sexual com seus tutores (já homens e, portanto, necessariamente ativos). Em outras palavras, aceitava-se a pedofilia (termo estranho à época, especialmente dentro dos parâmetros modernos) masculina educacional enquanto o corpo do menino, sempre passivo, ainda tivesse formas andróginas.[43]

---

[43] Algo semelhante ainda encontramos, hoje, em países como o Afeganistão, onde, dada a severidade das penas – muitas vezes capitais – para estupro, prostituição ou, simplesmente, sexo antes ou fora do casamento, senhores mais

Essa prática observada nos tempos de Sócrates não era a mesma no tempo de Paulo, que nasceu mais de 300 anos depois da morte do filósofo. Sob o império romano, tais práticas talvez fossem desencorajadas às crianças em suas instruções retóricas e filosóficas – e, certamente, eram abominadas no seio de uma família farisaica, mesmo que helenizada.

### Quem conta um conto aumenta um ponto

Sendo inquestionável o alto nível do profundo conhecimento filosófico e bíblico judaico de Paulo, dispensaremos todas as histórias improváveis, aquelas inverossímeis e carentes de fontes – como a que conta ter Paulo trocado sua noiva por um homem e, depois, se castrado para consagração à deusa Cibele (hipótese que só poderia ter acontecido antes do seu farisaísmo; o que invalida esse absurdo, já que essa entrega ao judaísmo fundamentalista teve início antes dos seus 20 anos, idade com que Paulo parte para Jerusalém).

### O virgem de 40 anos

Paulo só reconhece Jesus como o Messias por volta dos seus 40 anos. Conforme dissemos, ele era um judeu fariseu, uma corrente, digamos simplificadamente, ortodoxa do judaísmo de sua época. Portanto, como conhecedor profundo da lei mosaica e personalidade

---

remediados que a esmagadora maioria da população miserável, pelo apetite hetero ou homossexual, sustentam e educam meninos pobres de até 15 anos de idade (*bachas*) que, inclusive, vestem-se e se pintam como mulheres. Aos 15 anos ou antes, a depender do despertar no corpo das feições masculinas, são deixados à própria sorte e acabam se tornando párias ou, na "melhor" das hipóteses, treinadores ou cafetões de novos *bachas*. Essa é a triste tradição dos *Bacha Bazi* que, mesmo proibida, não tem consequências penais tão graves quanto o sexo fora do casamento ou a homossexualidade.

ascendente em um grupo poderoso e fundamentalista, as claras condenações da Bíblia Hebraica (o que, indevidamente, se confunde como Antigo Testamento) à homossexualidade sempre foram reverberantes em seu pensamento.

Na qualidade de religioso fanático, é estranho que, até os 40 anos de idade, Paulo não tivesse mulher nem filhos, o que era algo, naquele tempo, absolutamente reprovável, um motivo de vergonha e escândalo para a família (ainda mais para uma família farisaica como a dele). Solteiro aos 40 anos e fanático de uma fé que exigia que já estivesse casado, sua ira contra o sexo e a condenação absoluta do homossexual leva, pela lógica, qualquer intérprete a, no mínimo, questionar-se acerca do sentimento homossexual de Paulo.

### Navalha na carne

Uma das evidências mais contundentes que reforçam a tese da sua homossexualidade está no relato próprio de um misterioso e inamovível "espinho na carne, anjo de Satanás" (2Cor 12,7).

Ao encará-la como uma condicionante imposta a ele pelo próprio Deus, esse espinho funciona como a sua cruz, possibilitando que se assemelhe a Jesus a título de justo sofredor. Paulo relata que Deus nunca atendeu os seus pedidos para que fosse extirpado tal "espinho na carne", porque, de outra forma, ele se tornaria arrogante.

Muitos conjecturam que esse espinho seja epilepsia. Não nos filiamos a essa tese: pelo momento histórico, seria muito improvável que um Paulo epilético tivesse uma vida tão longeva e ativa; ele foi um missionário que percorreu o mundo de sua época, sustentando-se de seus trabalhos manuais, rejeitando qualquer conforto e suportando prisões, humilhações, perseguições e toda sorte de privações.

A questão do "espinho na carne" tende ainda mais como evidência da homossexualidade quando recordamos que, no texto de Paulo, a carne deve ser renunciada, pois ela representa a morte (e a morte, como declara em Romanos, é sentença ao homossexual); nela estão todos os pecados, especialmente os desejos carnais, ou seja, sexuais. Uma vez que o sexo é o grande inimigo de Paulo e estando o sexo atrelado à carne, falar em "espinho na carne" é falar, dentro do vocabulário do próprio Paulo, em questão sexual. E qual poderia ser a questão sexual de Paulo?

### Primogênito deserdado

Ademais, Paulo foi completamente deserdado por sua família. Em que pese a controvérsia acerca da autoria da epístola endereçada à primeira congregação cristã em solo europeu, Filipos – sendo mais provável a hipótese de uma reunião de cartas enviadas por Paulo aos filipenses –, o fato de sua deserdação pode ser extraído do seguinte trecho da referida epístola:

> Mas quanto às coisas que eram ganho para mim, tais coisas considerei perda em razão de Cristo. Mais do que isso, considero que todas essas coisas são uma perda em decorrência da excelsitude do conhecimento de Cristo Jesus, meu Senhor, por quem perdi todas elas e as considero excremento para que eu ganhe Cristo. (Fl 3,7-8).[44]

Hipótese bem assentada pelo Professor Jerome Murphy-O'Connor da *École Biblique et Archeólogique Française de Jerusalém*, somam-se, a ela, o mais absoluto silêncio de Paulo sobre seus pais, sua insistente revolta quanto aos trabalhos manuais que passou a fazer para conseguir sobreviver – aos quais se refere como sofrimento injusto (1Cor 4,12; 2Cor 6,5; 11,23-27), escravizador (1Cor 9,19) e humilhante (2Cor 11,7),

---

44 No original grego: "Αλλὰ ἅτινα ἦν μοι κέρδη ταῦτα ἥγημαι διὰ τὸν Χριστὸν ζημίαν ἀλλὰ μὲνυ οὖνυ γε καὶ ἡγοῦμαι πάνταζημίαν εἶναι διὰ τὸ ὑπερέχον τῆς γνώσεως Χριστοῦ Ἰησοῦ τοῦ Κυρίου μου δι' ὂν τὰ πάντα ἐζημιώθην καὶἡγοῦμαι σκύβαλα ἵνα Χριστὸνκερδήσω" (Alla hatina ēn moi kerdē, tauta hēgēmai dia ton Christon zēmian alla menounge kai ēgoumai panta zēmian einai dia to uperechon tēs gnōseōs Christou Iēsou tou kuriou mou di on ta panta ezēmiōthēn kai ēgoumai skubala ina Christon kerdēs)

## ESTÉTICA DA ESTUPIDEZ

bem como duas diferentes advertências diretamente dirigidas a todos os pais: para que eles acumulem tesouros (deixem herança) para os seus filhos (2Cor 12,14) e não provoquem a ira destes (Ef 6,4).

Se, de um lado (o lado do deserdado), a revolta de Paulo deixa poucas dúvidas acerca da sua deserdação, de outro (o lado dos deserdadores), duas circunstâncias sobre o próprio Paulo – nascido Saulo, nome de origem hebraica que significa algo como *filho muito desejado* (fato que, isolado, pode dar a entender que Saulo, *o muito esperado*, muda de nome por não ser aquilo que seus pais esperavam), mas que, em seu tempo, remetia mais à ideia de *pessoa sensível* (o que também revela o incômodo que sentia com qualquer coisa, inclusive o nome, que remetesse à falta de masculinidade) – concorrem para explicar a medida: a sua conversão em Cristo e a sua *macheza singular* – e, sobre este aspecto, pesa o fato de ser Paulo um homem já velho e, ainda, solteiro, sem contar seu desprezo pelo sexo (qualquer sexo), sua fixação por prepúcio e, possivelmente, seus eventuais trejeitos e timbre de voz (este diametralmente oposto ao tom de Cid Moreira ou Morgan Freeman e que justificaria a sua oratória tímida), descrições que vão de encontro com um enigmático perfil do século 2 apresentado na obra de Hennecke e Schneemelcher: "ora parecia um homem, ora tinha o rosto de um anjo"[45].

### Três homens e um segredo

A reação de Paulo, com relação a três homens que passaram por sua vida como colegas missionários, também merece algumas considerações:

(*i*)  o estranho rompimento com Barnabé, seu grande parceiro no início da vida missionária, motivado pelo jovem sobrinho deste, **João Marcos**;

---

[45] HENNECKE, E.; SCHNEEMELCHER, W. *New Testament Apocrypha*. London: Lutterworth, 1965, p. 354.

(*ii*) a desesperada angústia, verdadeira tensão homoerótica, de Paulo no decorrer das viagens missionárias de **Timóteo**; um sentimento que se acentua ao menor vislumbre de alguma possibilidade de prolongamento desse tempo longe dele – Timóteo, mais tarde, além de redator das cartas que Paulo ditava, passou a ser o único que podia escrever em seu nome livremente (dispensando o colega Tito); e, por fim,

(*iii*) a controversa relação com **Apolônio de Tiana**, sobre o qual discorremos anteriormente neste capítulo, cabendo, ainda, algumas considerações adicionais: Paulo praticamente entrega a coordenação pastoral em Corinto para Apolônio, o que, por si, representa uma quebra inédita e significativa no seu comportamento missionário de nunca deixar estabelecida uma liderança nas comunidades que formava. Belo e eloquente, Apolônio era carismático – Filóstrato menciona que Apolônio era chamado de "homem divino" (θεῖος ἀνήρ) e assim era cultuado pelas pessoas dos lugares por onde passava. Apolônio, já dissemos, foi discípulo de Fílon de Alexandria, filósofo – ou primeiro teólogo para alguns estudiosos – rejeitado pelos judeus de seu tempo, mas festejado pelo cristãos, que conjugou a lei mosaica segundo a tradição filosófica grega, especialmente se valendo de alegorias: a homossexualidade, por exemplo, condenada em Sodoma pode ser mera alegoria para todo e qualquer sexo feito sem a finalidade de procriação – o que é condenado também através da estória de Onã – e com qualquer finalidade de prazer – sentimento simbolicamente condenado pela circuncisão masculina –, além de, entendemos, representar proscrição do sexo anal, um ato que fatalmente gerava uma doença intratável e contagiosa, visto que, à época, essa seria a única profilaxia para a gonorreia. Deixando Apolônio encarregado das comunidades de Corinto, Paulo vai para Éfeso e, algum tempo depois, recebe a notícia da celebração eucarística por homossexuais e outras libertinagens, especialmente no seio do grupo dos convertidos mais abastados de Corinto, que, fascinados com Apolônio, criaram uma divisão mais *espiritualizada* (já que não deveriam se preocupar com a carne) naquela comunidade. Paulo volta para reestabelecer a ordem em Corinto e Apolônio. Na sequência, vai com Paulo para Éfeso, onde as coisas devem ter desandado de vez. Lá, Apolônio foi acusado de praticar γοητεία (*goēteía*), ou seja, magias maléficas e charlatãs.

## Atos falhos

A tenebrosa condenação homossexual de Romanos, guarda relação com diferentes descrições de Apolônio, que permitira, sob sua vigia, a comunhão homossexual em Corinto (e não sabemos se tomou parte de alguma festa mais *espiritualizada*; o que, em caso afirmativo, poderia ter despedaçado o coração do casto Paulo).

Somadas a essa primeira tensão, certamente transformada em ressentimento, as ações de Apolônio em Éfeso – onde, talvez, Paulo esperasse domar seu gênio –, da *goēteía* ao sacerdócio pagão (Apolônio chegou a realizar o sacrifício de um menino para Nerva), além do culto que formava ao seu redor, é possível concluir que a maioria das palavras do trecho em análise (Rm 1,26-32) tenha sido destinada ao Tianeu: injustiça, ambição, maldade, inveja, matança, discórdia, falsidade, malícia, inimigos de Deus, insolentes, arrogantes, fanfarrões, inventores do mal, desobediente dos pais, desprovidos de inteligência, desleais, incapazes de amor, incapazes de sentir misericórdia.

Se todos esses termos pintam um quadro de qualquer pessoa mais velha abandonada pelo amante, são duas as expressões que merecem especial destaque: "desobediente dos pais" e "arrogante", pois são palavras que nos remetem ao próprio Paulo, já que ele é deserdado pelos pais (pela desobediência em contrair matrimônio, em virtude da sexualidade ou pela mudança de fé), bem como pela confissão de que seu sofrimento com o "espinho na carne" o afasta da arrogância – segundo a definição de Paulo, o homossexual se caracteriza pela arrogância... A conclusão parece automática.

Acrescente-se ao fato que, na Carta aos Romanos, Paulo já estava calejado e ferido demais. Vivia uma fase de profunda ira provocada pela sequência, sempre injusta, de prisões motivadas por intolerância e, especialmente, mentiras lançadas contra ele, sem contar as humilhações e a revoltante, incansável e ininterrupta campanha levada contra ele por Tiago, irmão de Jesus. Esse Paulo que fala aos romanos parece ter esquecido o esplendoroso brilho da luz ofuscante da ressurreição que o convertera. Esse Paulo, mesmo não tendo abandonado a regra de ouro do amor e do universalismo, parece ter recaído em preconceitos farisaicos.

Esse pensamento acerca do trecho de Romanos explica também a assustadora ampliação da ira devastadora de Paulo contra os homossexuais. Na primeira carta que faz menção ao tema – anterior à vinda do furacão Apolônio para Éfeso, mas sequencial à notícia dos homossexuais em Corinto –, Paulo, mesmo condenando a homossexualidade, o faz com suavidade, dizendo apenas "afeminados e homens que se deitam com homes" (1Co 1,9).

Palavras até ternas, se comparadas ao escândalo de Romanos que estava por vir. Talvez, não querendo ferir a sensibilidade de Apolônio e com a esperança de que ele permanecesse, Paulo tenha se dado por satisfeito com a leve reprimenda ao homossexual de Corinto, descrição, aliás, condizente com seu aspecto "ora masculino, ora angelical" e feita àquela comunidade como algo que ele diria para si e sobre si, pois, além das evidências acumuladas até aqui – em resumo: um judeu ortodoxo de 40 anos sem mulher e sem filhos, deserdado pelos pais e condenado a um *espinho na carne* (especialmente porque *carne*, insistimos, invariavelmente remete a sexo nas suas missivas), que troca um fanatismo religioso por outro e demonstra obsessão pelos colegas missionários mais jovens –, mais um detalhe curioso vem, agora, da sua Carta aos Gálatas:

> "Independentemente do que tenham sido outrora, isso não importa: Deus não faz distinção das pessoas." (Gl 2,6).

ESTÉTICA DA ESTUPIDEZ

"Independentemente do que tenham sido outrora" é argumento forte para que todos aqueles que também sofram com o "espinho na carne" tomem parte na ceia do Senhor.

Em outras palavras, o homossexual que optar pela castidade poderá comungar com Paulo. Até mesmo porque, apesar de tolerar a união matrimonial heterossexual para procriação, sua ideia central pode se resumir em "todas as formas de sexo são pecado", porque, se na carne está a morte, deve-se optar pelo espírito, onde está a vida. Ceder à carne é ceder à morte, portanto.

## Se eu não posso, ninguém pode

Paulo tinha para si que viveria o dia do julgamento final, razão pela qual desprezou a procriação em todos os seus textos. E, não havendo a necessidade da multiplicação da carne, porque a volta final de Cristo estava próxima, toda relação sexual afastava o cristão da vida no espírito.

Mas, como era querer muito, o sexo procriador era tolerado. Sem contar que, na falta dos exames de gravidez (constatada como certa somente com o crescimento da barriga) e dos métodos contraceptivos eficientes, qual outro sexo heterossexual poderia haver? O sexo entre homossexuais representa, nesse contexto, o sexo unicamente por prazer – do desperdício do sêmen ao apetite da carne –, que é o ato essencialmente condenado por Paulo.

Por esse motivo: heterossexuais que transam por prazer também não passarão.

## *kathēkō*: o que Lucas deixou escapar

Mas ainda resta uma evidência derradeira e bastante convincente sobre a homossexualidade de Paulo. Tal evidência surge de um descuido [?] de Lucas, autor de Atos dos Apóstolos e discípulo de Paulo – e, enquanto a maioria dos biógrafos de Paulo vê em Lucas um adorador incondicional, Pasolini e Badiou enxergam nele um vilão. Ao narrar a tentativa de linchamento de Paulo em Jerusalém, Lucas descreve a fala inicial do incitador: "Extermina da terra um homem desses! É indecente que ele viva!" (At 22,22).

A entrega da sexualidade de Paulo está na palavra "indecente".

No trecho original, encontramos καθῆκεν, que é forma impessoal de καθῆκω (*kathēkō*), palavra que só aparece duas vezes em todo o Novo Testamento: nesse versículo citado de Atos dos Apóstolos e em outro versículo de uma carta de Paulo (no particípio substantivo, καθήκοντα).

Ora, Paulo é muito criterioso na escolha dos termos que utiliza. Além do mais, imperioso frisar que, porque só encontramos em Paulo a palavra *kathēkō* – que é repetida uma única vez por Lucas, um dos discípulos diretos e mais próximos de Paulo, em Atos (que, apesar de ser intitulado *Atos dos Apóstolos*, resume-se a uma biografia de Paulo) –, a palavra apresenta um sentido bastante específico. Aliás, em um oceano de pecados relatados pela Bíblia, tratando-se de caso único e, mais ainda, porque é de uso exclusivo de um só autor (Paulo) – sendo resgatada por quem lhe conhecia na intimidade –, pode-se dizer que *kathēkō* é personalíssima a Paulo.

Mas onde Paulo utiliza *kathēkō*?

Segure-se, leitor: ele o faz em Romanos 1,28, justamente para caracterizar os homossexuais [que, aliás, são denominados por Paulo com os termos ἀρσενοκοίτης (*arsenokoítēs*) e μαλακός (*malakos*) – este segundo termo significa "efeminado" em Paulo, ao passo que o primeiro se repete com o mesmo significado no Antigo Testamento; o segundo, *malakos*, tem significado diverso ao de Paulo em versículos dos Evangelhos, que atestam que Jesus o tenha utilizado para se referir a algo refinado].

Ou seja, uma palavra que só Paulo conhece e que somente ele utiliza como característica homossexual, quando volta a ser repetida uma só vez em versículo escrito por um discípulo seu – suficientemente próximo dele para saber sobre o seu "espinho na carne" – para se referir a ele, quer dizer justamente aquilo que pretende ocultar.

## Clínica moderna

Por último, uma singela análise dessa ira paulina contra os homossexuais merece passagem: em seu *Breve Tratado de Deus, do homem e do seu bem-estar*, Espinosa argumenta que o ódio é uma inclinação a apartar de nós o que nos tenha causado algum mal, um sentimento do qual nasce a tristeza, que nos obriga a fugir da coisa odiada, ou, quando é muito grande, transmutando-se em ira, nos faz querer destruí-la. Nasce dele, também, a inveja, que se transforma em aversão a desembocar em nova tristeza, haja vista se tratar, na realidade, do privar-se de uma coisa que, sendo existente, deve ter sua essência e sua perfeição. Portanto, aconselha o excomungado filósofo, "se nos servimos bem de nossa razão, não podemos ter nenhum ódio nem aversão contra algo porque, ao fazê-lo, nos privamos da perfeição que há em todas as coisas".[46]

Esse pensamento, cumpre assinalarmos, repete-se hoje (mais de 300 anos após a sua publicação) nas doutrinas e nos diagnósticos dos psicólogos e psiquiatras quando tratam da homofobia. Dessa maneira, as nossas conclusões são óbvias demais.

E já é o bastante.

Por todos os muitos elementos que dão força à nossa tese, acreditamos que, como homossexual, Paulo tenha resistido ao "espinho na carne", a esse apetite sexual, como uma verdadeira e bastante pesada cruz e que, de fato, ele tenha vivido na mais santa castidade.

Afinal, quem lê Paulo, não vê coração.


## Movimento Judangélico

Mas esses nossos crentes estupidificados e incansáveis treplicarão: "E a condenação explícita no Antigo Testamento?"

---

[46] ESPINOSA, Baruch de. *Breve tratado de Deus, do homem e do seu bem-estar*. Trad. Emanuel Angelo da Rocha Fragoso; Luís César Guimarães Oliva. Belo Horizonte: Autêntica, 2014, p. 104-105.

Deveras, tem sido a tônica de muitas igrejas evangélicas pentecostais e, especialmente, neopentecostais uma deturpada e estúpida utilização dos textos e ornamentos judaicos em seus cultos em detrimento até do próprio Evangelho (em uma corrente de evangelismo claramente *antievangélica*, portanto).

Todavia, antes de iniciarmos nossa investida nos textos do Antigo Testamento, uma advertência é essencial. Ela é endereçada especialmente ao leitor apegado à Bíblia somente no âmbito religioso e que, por costume e tradição repetidos nos lares de cada um dos crentes cristãos (inclusive o nosso) em suas mais variadas matrizes, talvez, nunca tenha parado para pensar na história da Palavra que, em todas as revelações, pode ser resumida na seguinte ordem cronológica abstrata que propomos:

(*i*)   *revelação* (palavra recebida): o profeta ou intermediário divino escuta e memoriza a palavra falada por Deus ou em seu nome por alguma entidade divina;

(*ii.a*)  *redação* (palavra escrita): esse profeta ou intermediário redige ou dita a palavra que ouviu para que alguém a escreva (coisa comum no mundo antigo em que profetas eram comumente analfabetos); ou

(*ii.b*)  *reconhecimento* (palavra conhecida): o autor redige, a partir de fontes, as palavras reconhecidas como histórias divinais (a título de ilustração, Moisés – se é que ele de fato existiu – não poderia ter narrado a própria morte);

(*iii*)  *reedição* (palavra copiada): cópia das palavras redigidas no próprio idioma para transmissão;

(*iv*)  *retransmissão* (palavra traduzida): versão da reedição em outro idioma;

(*v*)  *recomposição* (palavra circunstanciada): seleção de textos copiados ou traduzidos para formação de um cânone (conjunto dos textos sagrados aceitos como verdadeiros e organizados para legitimação mútua); e

(*vi*) *releitura* (palavra comentada): ensinamentos a partir da interpretação da palavra que se tem nas mãos.

Mesmo aqueles que acreditam que as palavras bíblicas são inspiradas diretamente por Deus não podem duvidar que o homem, em cada uma dessas etapas, pode, voluntária ou involuntariamente, buscar emprestar significado através de exemplos ou atualizações circunstanciais de modo a promover maior penetração da mensagem, alterar palavras originais em desuso por outras de melhor compreensão entre uma infinidade de outras possibilidades.

Dois casos ainda merecem destaque pelo recebimento direto do texto escrito: a tábua dos mandamentos e o livro de ouro dos mórmons. Todavia, nem um nem outro estão disponíveis, inclusive para os mais importantes anciãos entre os seus sacerdotes de maior hierarquia ou sabedoria.

Uma vez que o Antigo Testamento cristão, com suas variações, é uma recomposição da Bíblia Hebraica, quatro outras premissas são intransponíveis:

(*a*)  o judaísmo não começou monoteísta: os israelitas eram monolátricos (ou henoteístas: não negavam a existência de outros deuses, mas só serviam a um único deus) até o final do século 7 a.C., quando o Rei Josias inicia a depuração para o monoteísmo (e, para essa finalidade, reedita e recompõe os escritos bíblicos através de uma coalizão de oficiais da corte israelita, escribas, sacerdotes, camponeses e profetas);

(*b*)  A base consonantal de toda escritura hebraica – um grande número de palavras derivadas de um radical de três consoantes – é de fundamental importância, pois torna inevitável uma pluralidade polissêmica e uma riqueza de possibilidades de leitura provavelmente sem par em qualquer outra língua escrita, bem como, ainda, o fato de contar com apenas dois tempos verbais, perfeito e imperfeito, além da omissão de marcadores de vogais, o que permite a atribuição de múltiplos significados e de se fazerem jogos de palavras e trocadilhos com uma mesma unidade consonantal; somente este comentário torna delicada a santificação de qualquer tradução para a língua portuguesa (sem contar que foi somente nos nove primeiros séculos da nossa era que os estudiosos e os escribas judeus editaram e transmitiram o texto consonantal da Bíblia Hebraica);

(c) fundamentalistas têm um hábito, no mínimo, incauto de encarar os versículos traduzidos como se fossem a mais viva expressão de Deus, ao passo que os mais sábios entre os sábios do judaísmo chegam a divergir e a divagar sobre o significado de cada letra individualmente; de modo que

(d) a *Mishná*, conhecida como "Torá Oral", primeira redação da tradição oral judaica, uma das principais obras do judaísmo rabínico e fonte central de todo pensamento judaico posterior, ensina que *as faltas de um homem em relação a Deus são perdoadas pelo Dia do Perdão, mas não são as faltas do homem em relação a outro homem, a menos que, antes, tenha ele feito as pazes com o outro.* Assim, Israel deve ser reconhecida por três sinais: humildade, sentido de justiça e bondade desinteressada – qualidades infinitamente ausentes nos cristãos homofóbicos vidrados no Deus de Israel.

Somente quando cientes dessas considerações, podemos falar, com alguma propriedade, do livro do Gênesis, primeiro livro da Bíblia Hebraica. A primeira condenação da homossexualidade se encontra nesse livro (19,1-11) com a destruição de Sodoma.

Retomamos o já debatido Fílon de Alexandria (contemporâneo de Paulo de Tarso e mestre de Apolônio de Tiana), cuja teologia enxerga alegorias ao longo do livro, que, no caso de Sodoma, deixa explícita a exigência judaica de somente amar a Deus (o sexo, desde lá, não deveria decorrer do amor nem proporcionar prazer mesmo entre esposo e esposa); de modo que o sexo entre homem e mulher deve

ESTÉTICA DA ESTUPIDEZ

observar somente a necessidade de procriação (aliás, naqueles dias, quanto menor o povo, mais facilmente ele era dominado).

A alegoria do sexo homossexual como caricatura de todo tipo de sexo por prazer (insistimos: inclusive entre o homem e a mulher), ainda atendia a uma questão de saúde pública constatada pela contaminação e inflamação bacteriana através de fezes no canal da uretra. Apesar do fato de que os antibióticos e a lavagem retal têm solucionado a uretrite, bem como estão disponíveis métodos contraceptivos seguros, permanece a ordem no texto bíblico de que todo sexo fora da finalidade estritamente reprodutiva ou que pretenda qualquer forma prazer é condenável tanto para o heterossexual quanto ao homossexual; o que a torna ridícula, especialmente diante dos métodos de reprodução assistida e, em especial, neste momento da história, quando a Terra está superpopulosa, carecendo de recursos, sem falar no sem-número de crianças postas para adoção.

Caso insistam nesses termos do Gênesis, sugerimos que, para cada homossexual que encontrarem, ofereçam vossas filhas ainda crianças e virgens da mesma forma que Ló fez com as suas. O entendimento parece óbvio: hoje, enquanto o gesto de Ló é abjeto e criminoso, a homossexualidade deixou de ser.

Cabe anotar, ainda, que os mais renomados biblistas do mundo identificam pelo menos três fontes diversas (no estilo, no entendimento e no tempo) como autores do livro da criação que, se é verdade que pode revelar algo da verdade, não é menos verdade que foi adulterado na longa caminhada da monolatria (ou henoteísmo) para o monoteísmo.

Na sequência, o Levítico faz duas referências: 18,22 e 20,13, este retomado por Paulo (e Paulo não nos deixa!) dando passagem à pena capital para homossexuais ao longo de 16 séculos da História. Aliás, a retomada desse versículo é algo que comprova, mais uma vez, o enrustimento homossexual de Paulo, que rompeu com o grupo dos apóstolos justamente porque eles queriam continuar a viver como judeus observadores da lei mosaica – que Paulo dá como revogada pela morte na cruz e a ressurreição de Cristo.

Curioso notar, ainda, que toda celeuma entre Paulo e os apóstolos, principalmente Tiago, irmão de Jesus e líder do movimento depois da crucificação, teve origem em uma discussão peniana. Sim! Circuncidar o pênis era defendido pelos apóstolos ao passo que Paulo não queria obrigar seus convertidos a fazerem o procedimento. Ou seja, Paulo fundou o cristianismo negando a lei mosaica exceto em um único ponto: a questão homossexual que o atormentava.

Vale dizer, ainda, sobre o Levítico, que ele tem importância como guia sanitário. Qualquer sexo anal ou sem finalidade reprodutiva (fora do matrimônio) entre homem e mulher permanece tão proscrito quanto o ato homossexual, especialmente como forma de prevenção de doenças sexualmente transmissíveis como a gonorreia e a sífilis (esta com as suas manifestações corporais até hoje incertas, que vão de manchas a cancros moles, afetando os dentes, causando queda capilar e culminando em demência – sem contar o contágio familiar; de forma que essas múltiplas manifestações levavam à conclusão de serem castigos divinos personalizados) que só deixaram de ser um problema com a descoberta da penicilina, em 1928.

A palavra *sodomita* ainda aparece no Deuteronômio (23,17), no Primeiro Livro dos Reis (14,24; 15,12; 22,47) e no Segundo (23,7). Mesmo que, na maioria das vezes, o termo signifique *idólatra*, a sua utilização popular nos dias de hoje serve para se referir aos homosse-xuais. Por essa razão, em que pesem as considerações que fizemos logo acima, outro argumento merece destaque na discussão da "ver-dade" dos fatos relatados sobre Sodoma: historiadores e arqueólogos bíblicos, em especial o respeitado arqueólogo dominicano francês Roland de Vaux, tiveram frustradas todas as suas expectativas em des-cobrir elementos que comprovassem a real existência dos patriarcas hebraicos e dos grandes acontecimentos narrados na Bíblia Hebraica – principalmente aqueles constantes nos livros da Torá (Gênesis, Êxodo, Levítico, Números e Deuteronômio), já que eles fornecem uma boa porção de informações cronológicas e geográficas específicas, além de diversas combinações naturais e de animais como camelos, bem como de mercadorias e povos. Todas as buscas arqueológicas empreendidas foram malsucedidas, o que leva a concluir que os personagens e os acontecimentos – os de Sodoma principalmente – são estórias habilmente costuradas a partir da memória de lendas arcaicas e de fragmentos de costumes antigos que refletem rivalidades do período monárquico tardio e interesses suscitados por conflitos contemporâneos.

O Antigo Testamento é um desafio para o cristão não somente porque trata de uma aliança substituída por Cristo, mas também porque, enquanto lei mosaica, foi expressamente revogada por Paulo (salvo no que se refere aos homossexuais – fato que revela opções pessoais nada ortodoxas, embora pudessem, ainda, se justificar em vista das mesmas circunstâncias morais e de saúde pública), além de, na qualidade de Bíblia Hebraica adaptada, ser o conjunto de livros que mais perguntas faz ao homem sem que as responda.

Assim, se os maiores mestres rabinos dão como orientação suprema do judaísmo um versículo de Josué (1,8), qual seja, "meditar sobre ele dia e noite", não é menos sábia a inspiração reveladora de Steiner que, fugindo da antipatia e da indisposição de Hegel para com a ordem rabínica, conclui: "se revelação há, ela deve estar nos olhos e nos ouvidos de quem se põe a postos para vê-la ou ouvi-la".[47]

## Homoerotismo para louvar de pé

Nunca ouvimos, por outro lado, nossos *judangélicos* encararem abertamente dois romances especiais do Antigo Testamento. Mais dramáticos que as telenovelas mexicanas, são também muito mais ousados pelo simples fato de serem casos de amor escancaradamente tórridos e homoeróticos.

---

[47] *Op. cit.*, p. 466.

## Amor de sogra

Citamos o primeiro, que está do Livro de Rute (1,16-17) e que envolve a própria Rute:

> Não insistas comigo que te deixe e que não mais te acompanhe. Aonde fores irei, onde ficares ficarei! O teu povo será o meu povo e o teu Deus será o meu Deus! Onde morreres morrerei, e ali serei sepultada. Que o Senhor me castigue com todo o rigor se outra coisa que não a morte me separar de ti! (Rute 1, 16-17).

Bela declaração de amor... De uma sogra (Rute) para a sua nora (Noemi).

Sem maiores considerações (até porque não há nada de errado em um amor lésbico), pedimos que Raul desça do muro do quintal e passemos ao segundo romance.


## Varões indomáveis

Mais impactante ainda aos olhos e ouvidos dos pais da tradicional família cristã – surpreendendo, inclusive, o fato de que o famoso vendilhão do templo, Sr. Malakaia, não tenha, em razão dele, sugerido o boicote à Bíblia – é o caso de amor devastador entre Davi e Jônatas (e, sem pensarem no Ló, não teve Gênesis e Levítico que os segurassem) narrado nos livros de Samuel.

Com comovente sensibilidade, o relato bíblico emociona ao dizer que:

> a alma de Jônatas se ligou com a alma de Davi; e Jônatas o amou, como à sua própria alma. (...) E Jônatas e Davi fizeram aliança; porque Jônatas o amava como à sua própria alma. E Jônatas se despojou da capa que trazia sobre si, e a deu a Davi, como deu também as suas vestes, até a sua espada, e o seu arco, e o seu cinto (1Sm 18,1-4).

ESTÉTICA DA ESTUPIDEZ

Aos que insistem, mesmo ao som de *Menina Veneno*, na pureza da amizade fraterna entre os dois, a reação colérica do pai de Jônatas desfaz qualquer mal-entendido, especialmente quando afirma: "Não sei eu que tens escolhido o filho de Jessé para vergonha tua e para vergonha da nudez de tua mãe?" (1Sm 20,30).

É certo, leitor, que Davi não queimou no inferno – e, antes mesmo de sua morte, foi glorificado por Deus – depois de tão intensa despedida do amado: "E, indo-se o moço, levantou-se Davi do lado do sul, e lançou-se sobre o seu rosto em terra, e inclinou-se três vezes; e beijaram-se um ao outro, e choraram juntos, mas Davi chorou muito mais." (1Sm 20,41).

Aos que ficaram tristes com a separação do casal, como nós ficamos: alegrai-vos e exultai! Com a morte do sogro, pai de Jônatas, Davi regressará e dirá ao seu amado: "Mais maravilhoso me era o teu amor do que o amor das mulheres." (2Sm 1,26).

Aos crentes estúpidos detratores da homossexualidade, estejam certos de que essas também são palavras de Deus. E, não existindo uma bíblia *self service* ao gosto do freguês, não resta outra opção a não ser pegar ou largar.


**Ide em paz**

*Considerações teológicas sobre a liberdade religiosa*

Os portões de Charenton, histórico manicômio francês onde o famoso Marquês de Sade era interno, fechavam-se para encarcerar Jacob Dupont em 14 de fevereiro de 1810. Ex-doutrinário, ex-deputado na Assembleia Legislativa e na Convenção, Dupont sofria de uma loucura que, ensinava Louis Sébastien Mercier à época, além de destrutiva, era a soma de todas as monstruosidades do espírito humano: Dupont era ateu.

O rangido daqueles portões pôde ser ouvido por quase 200 anos: até pouco tempo atrás, desacreditar que em uma pequenina partícula feita com farinha e água estava o corpo de Cristo era, ainda, condenar-se não só ao fogo do inferno, mas também ao ostracismo. Afinal, na observação de Karl Popper, "esta civilização ainda não se recompôs por completo do choque do seu nascimento – a transição da sociedade tribal ou 'fechada', com a sua submissão a forças mágicas, para a 'sociedade aberta', que liberta os poderes críticos do homem".[48]

Nesse contexto recente de absoluto temor reverencial, era inaceitável pensar que igrejas praticassem atos ilícitos; impensável uma religião de culto contrário aos bons costumes e à ordem pública. E esse fato explica a renitência de muitos crentes em reconhecer as limitações diversas à liberdade religiosa.

Tal liberdade é tão estupidamente entendida que se se diz "é minha liberdade de expressão", aparar as barbas de Jesus em uma imagem publicitária é motivo de comoção nacional e *jihad pentecostal*; mas quando se diz "é minha liberdade de crença religiosa", mesmo diante de uma covarde e estúpida distorção da ética radical do amor cristão (explicada com louvável didática pelo Professor Davi Lago em monografia sobre o tema), nada se diz.

A profunda incompreensão teológica tem servido para legitimar a destruição do sagrado através de liberdade constitucionalmente garantida, de forma que o cristão se entende titular exclusivo do direito de crucificar Cristo – e, se assassinam o próprio Deus, que farão contra nós homossexuais?

Em verdade em verdade vos dizemos: ai do crente que ignorar o sinal da nova aliança representada por Cristo (que em nada condenou a homossexualidade) invocando costumes por ele superados no supremo mandamento do amor e da compaixão. Será mais fácil um camelo passar pelo fundo de uma agulha do que esse "cristão" entrar no Reino de Deus.

---

[48] POPPER, Karl. *A sociedade aberta e seus inimigos – Primeiro Volume:* o sortilégio de Platão. 5. ed. Trad. Miguel Freitas da Costa. Lisboa: Edições 70, 2018, p. 11.

Pobres diabos sem teologia. Católicos e evangélicos, adeptos dessa reiterada postura de condenação da homossexualidade, deveriam, no mínimo, ouvir os grandes teólogos cristãos que, como comumente acontece, podem até continuar a considerá-la pecado, mas, respeitando a evolução dos conhecimentos científicos – da farmacologia que criou a penicilina à psiquiatria que concluiu não ser patológico o amor homossexual – e cada vez mais adaptados à novas exigências para a concretização do mandamento do amor em um mundo secularizado e multicultural, já deixaram para trás as tendências medievais que algumas correntes evangélicas parecem querer implementar à maneira de um estado islâmico.

Que deem atenção a um dos maiores intelectuais cristãos (senão o maior deles) ainda vivo, o Papa Emérito Bento XVI. Ainda Cardeal, dialogando com Habermas sobre Razão e Religião, Ratzinger adverte aos cristãos, quase que profetizando o aparecimento de pobres diabos a insistir na Terra plana, sobre a irreversibilidade da transformação radical da imagem do mundo e do homem como resultado do conhecimento científico, e que essa evolução deve ser celebrada naquilo que contribuiu decisivamente para o desmantelamento de antigas certezas morais. Por isso, dizia o então mais eminente dos eminentes Cardeais, importa que toda e qualquer sociedade supere a desconfiança em relação ao direito e à ordem, porque só assim será possível "evitar o arbítrio e viver a liberdade de forma compartilhada por todos".[49]

E Ratzinger conclui, dando irretocável lição para as religiões em um Estado laico, condenando os radicalismos religiosos (categoria na qual se encaixa a fala de José, o Ímpio) ao reconhecer que as *patologias na religião* precisam da luz da razão como órgão de controle a ser usado constantemente para sua purificação e reordenação.

Retirada a homossexualidade do rol das disfunções psiquiátricas, assim se deu a evolução do pensamento da Igreja de Roma, *alma*

---

[49] HABERMAS, Jünger; RATZINGER, Joseph. *Dialética da secularização*: sobre razão e religião. 5. ed. Trad. Alfred J. Keller. São Paulo: Ideias & Letras, 2007, p. 91.

*mater* de toda cristandade: em um curto intervalo de uma década, (*i*) saiu do ódio ao homossexual do Papa João Paulo II, um sacerdote intelectualmente óbvio, raso e preguiçoso, ainda preocupado com uma realidade já superada da AIDS como câncer gay, chegando a inserir a homossexualidade (em seu último livro, *Memória e identidade*) como um dos males do século XX ao lado do comunismo e do nazismo [!]; (*ii*) passou pela incompreensão popular da alta densidade intelectual de Bento XVI que, mesmo acreditando ser a homossexualidade pecado, ajustou o posicionamento da Igreja na dialética da secularização reconhecendo o papel da ciência em desfazer preconceitos (vale lembrar que, antes disso, este Santo Padre, incompreendido e injustamente ultrajado pelo despreparo filosófico de seus críticos, mesmo mantida a posição da Igreja desfavorável ao uso de contraceptivos, reconheceu que o uso do preservativo deve ser feito com a finalidade de se impedir a contaminação pelo vírus HIV); e (*iii*) chegou na expressão máxima do amor cristão em Francisco quando afirmou, sem meias palavras, que os homossexuais não devem ser discriminados, devem ser respeitados, inclusive desculpando-se em nome da Igreja pelas ofensas passadas.

Saibam, então, os fundamentalistas sem fundamento e sem amor, crentes tacanhos e voluntariamente débeis mentais que nos odeiam: *uma vida sem amor é muito mais contrária à vontade de Deus que qualquer amor fora da lei.*

### Considerações jurídicas sobre a liberdade religiosa

Saiamos da esfera teológica e adentremos no estudo do Direito: além de configurar crime de racismo a manifestação homofóbica pública ou particularmente dirigida (em que pese a flagrante falha técnica decorrente da imperícia do pedido que desastrosamente marca a decisão do Supremo Tribunal Federal [STF] que, se por ora protege homo e transexuais, deixou escancarada a brecha para que o legislador "cristão" crie uma lei que dê imunidade a certos discursos homofóbicos), os efeitos jurídicos para esses crentes do evangelho de satã vão muito além da esfera penal e não dependem de jurisprudência nem de lei específica, pois decorrem da inteligência do ordenamento jurídico vigente, em especial do Código Civil.

A *Espistola de tolerantia* (1686), de John Locke, ainda serve como bússola às religiões que não queiram se perder no pântano da ilegitimidade, do abuso. Desse modo, sintetizamos sua doutrina a fim de precisar as hipóteses de responsabilização jurídica das entidades religiosas. A saber: a entidade religiosa sempre poderá ser responsabilizada quando, em claro processo de imposição aos outros, (*a*) "atacar ou prejudicar de qualquer maneira a outrem nos seus bens civis porque professa outra religião ou forma de culto", (*b*) intimidar seu rebanho, (*c*) valer-se de qualquer "violência e injúria", (*d*) não se confinar aos limites da religião e abarcar assuntos civis; (*e*) emitir opiniões especulativas a respeito de direitos de terceiros, pois "cuidar de sua própria salvação é exclusivo a cada pessoa", e (*f*) sua doutrina ou liturgia forem "incompatíveis com a sociedade humana e contrárias aos bons costumes que são necessários para a preservação da sociedade civil", contrariando o ordenamento de modo a colocar em risco a paz social, porque se "tais coisas não são legais na privança do lar, ou na vida social, não o são igualmente no culto ou numa reunião religiosa".[50]

O instituto da responsabilidade civil, assim, é uma das possíveis reações do ordenamento jurídico às ofensas causadas pelo exercício da liberdade religiosa. Mas deve-se adotar, contudo, uma posição moderada, um ponto de equilíbrio entre a proteção da liberdade religiosa e a proteção das pessoas de formas abusivas de religiosidade.

Os discursos que envolvem a sexualidade, desde os que pregam que o sexo só pode ser feito dentro do matrimônio e para fins de procriação até os que abordam as relações homossexuais e outros aspectos da sexualidade, nem sempre geram danos indenizáveis. Ou seja, nem sempre a crítica teológica aos grupos LGBTQIA+ pode ser

---

[50] LOCKE, John. *Carta acerca da tolerância*. São Paulo: Abril Cultural, 1973, p. 15-27.

confundida com incitação à violência ou discurso homo e transfóbico. Assim, ao falar de sexualidade, identidade e orientação sexual, o discurso religioso não pode intimidar e prejudicar o desenvolvimento psicossocial saudável dos envolvidos. Aversão, ostracismo e abnegações podem, aliás, implicar em dano extrapatrimonial mais grave, o chamado dano existencial, que causa ruptura no projeto de vida levando a vítima a escolhas de vida diferentes, no que diz respeito à expressão e à realização de sua personalidade, um caminho pelo resto da vida comprometido e alterado em razão da lesão suportada. Despiciendo dizer que, no caso de dano existencial, a compensação indenizatória deve ser muito mais elevada.

A liberdade religiosa, afinal, é um direito. Mesmo que fundamental – e Norberto Bobbio ensina que da finalidade visada pela busca do fundamento nasce a ilusão do fundamento absoluto –, é um direito e, definindo o direito em uma só palavra, ele é **limite**.

A religião, portanto, só pode extrapolar os limites da reserva mental porque o direito assim estabeleceu. A experimentação social das liberdades se deve ao direito; ela, por ser parte do direito, é o próprio direito – mas não todo o direito.

Como no corpo humano, o direito da liberdade religiosa é uma célula que coabita o mesmo espaço com incontáveis outras células e, caso sua mitose se acelere e vá além dos limites estipulados para o conjunto, torna-se câncer e prostra todo o corpo. Tal como a mitose é fundamental para a célula, a liberdade é fundamental para o Estado Democrático de Direito. Contudo, tanto o corpo humano quanto o Estado, para que não padeçam e morram, devem combater o anormal aceleramento e manter dentro de certos limites, respectivamente, as mitoses e as liberdades.

Por essa razão, definir o direito fundamental da liberdade religiosa é tarefa sempre incompleta – até por ser inglória qualquer definição fechada de religião (coisa que nem a Constituição brasileira, acertadamente, faz) – e, dado não ser de nosso interesse ficar, como os cegos hindus, apalpando um elefante, interessa-nos dizer que a liberdade é, essencialmente e sempre, ilimitada. Não fosse, não seria liberdade.

ESTÉTICA DA ESTUPIDEZ

Todavia, a expressão "direito de liberdade" não tem a mesma essência da palavra "liberdade". Se direito é limite, falar em "direito de liberdade" é dizer "permissão para tudo dentro dos limites", pois, quando a "permissão para tudo" cai nas graças do agente limitador, o legislador, é certo que, não tendo sido ela o *fiat lux* do ordenamento jurídico, já estejam estabelecidos limites, outros direitos dentro do direito com os quais, tal qual a célula saudável, deverá conviver e se desenvolver em harmonia, cabendo lembrar, por fim, que esses limites identificados externamente podem ser alterados, no que muda, restringindo-se ou se expandindo, o espaço de "passeio" da liberdade positivada.

Logo, o direito da liberdade religiosa é a possibilidade de fazer tudo o que quisermos em decorrência de nossa orientação religiosa dentro dos mutáveis limites (fatores exógenos) do Direito, o todo do qual faz parte e sob o qual se assenta.

Mesmo que fundamental, existem outros direitos tão fundamentais quanto ele... Sem contar a peculiaridade do choque da liberdade religiosa de um com a liberdade religiosa de outro, uma vez que as entidades religiosas vivem em uma espécie de "cativeiro babilônico" no atual Estado constitucional, laico e multicultural, em contínuo e ininterrupto teste dos limites da aceitação do pluralismo.

Somente a dimensão interna, subjetiva, desse direito é algo absoluto e não suscetível de restrição, haja vista que a reserva mental, em qualquer caso, é a última e, até o momento e a depender do desenvolvimento das Neurociências, intransponível barreira de que dispõe o indivíduo, na qual, como Álvaro de Campos encarnado em Pessoa, podemos sentir tudo de todas as maneiras, ter todas as opiniões, ser sinceros contradizendo-nos a cada minuto, desagradar a nós próprios pela plena liberdade de espírito, ir para a cama com todos os sentimentos, ser *souteneur* de todas as emoções e trocar olhares com todos os motivos de agir.

Mesmo pensando em uma liberdade natural, para que o sujeito continue a gozar dela é preciso, obviamente, que ele viva. Então, se o gozo da liberdade natural encontra os limites na Natureza, o direito da liberdade os encontra no Direito. Assim e sempre, não pode haver liberdade que perdure sem responsabilidade. O mesmo acontece com qualquer direito, fundamental ou não. E a religiosidade não escapa à regra.

Em resumo, o discurso religioso pode não aceitar a homo e a transexualidade como corretas e desejadas, mas nunca pode satanizá-las, interessando adotar como ponto de equilíbrio o conceito neotestamentário da Carta de um sereno Paulo aos Efésios, o de falar a verdade com amor (Ef 4,15).

## Considerações filosófica e sociológica sobre a liberdade religiosa

Reforçando aquilo que acabamos de defender, é lapidar o pensamento de Levinas ao reconhecer que a finitude da liberdade não significa um qualquer limite na essência livre do ser, uma vez que não é a liberdade o elemento definidor dessa essência humana, mas é a essência humana que explica a liberdade e informa o seu limite, já que a essência do outro é tão transcendentalmente infinita quanto a minha. Sendo ainda de se anotar que essa transcendência não se escreve negativamente, mas positivamente no que reflete a "resistência moral do rosto à violência".

"Pensar a liberdade *no seio* da totalidade", argumenta o Filósofo Lituano, "é reduzir a liberdade à categoria de uma indeterminação no ser e, desde logo, integrá-la numa totalidade encerrando a totalidade em 'buracos' de indeterminação e procurando com a psicologia as leis de um ser livre", de maneira que a liberdade religiosa termina já na iminência do pecado da recusa ao outro da divindade que é comum a todos os seres humanos, pois, conclui, a "religião é Desejo e de modo algum luta pelo reconhecimento. É o excedente possível numa sociedade de iguais, o da gloriosa humildade, da responsabilidade e do sacrifício".[51]

---

[51] *Op. cit.*, p. 52.

Nenhum discurso violento contra homossexuais e transexuais, portanto, merece passagem diante do fato de que nossa estranheza, a peculiaridade transcendental de cada um de nós, é a nossa própria liberdade, uma vez que "só os seres livres podem ser estranhos uns aos outros".[52]

Por tudo isso, lapidar a lição de Ulrich Beck: falar da própria liberdade religiosa é, sobretudo, falar em liberdade religiosa dos outros – e, mesmo desacreditando que isso venha a acontecer, o mundo só terá uma chance "quando as religiões dos muitos deuses unos civilizarem-se a si mesmas"[53], não apenas abjurando da violência como meio de catequização, mas abrindo-se para o princípio da tolerância e com ele se comprometendo.

## Hermenêutica da tolerância

Não há necessidade de uma revelação ou uma milagrosa e racional mudança de sentimento, pois todos, inclusive aqueles imersos em um contexto fundamentalista, têm escolha, uma vez que ninguém nasce geneticamente cristão. Logo, homens e mulheres livres encontram, como reverso do direito da liberdade religiosa, o dever tolerância.

Apesar da ambiguidade apontada nas análises sobre a origem do vocábulo (sua raiz indo-europeia – *tol, tal, tla* – e os derivados latinos *tollere* e *tollerare*, em que *tollere* significa "levantar", "deixar" ou, às vezes, "destruir", e *tollerare*, por sua vez, remete para "levantar", "suportar" e "combater"), tolerar é ação de via única e insubstituível para que se seja, por reciprocidade, tolerado.

Kant, Mirabeau e Goethe sublinharam que o vocábulo, no sentido de suportar e aceitar quem pensa de modo diferente, falava a partir de um *locus* arrogante e continha algo de insultuoso. A fleuma

---

[52] *Loc. cit.*

[53] BECK, Ulrich. *O Deus de cada um*. Trad. Celeste Aida Galeão; Johannes Augel. Rio de Janeiro: Tempo Brasileiro, 2016, p. 24.

terminológica, no entanto, é indiferente, uma vez que seu comando, hoje, é uma ação. A tolerância não é, como é o respeito, um sentimento, algo que floresce na alma da pessoa que, sem esperar nenhuma contrapartida, carrega-a como um instinto e a observa como uma lei da Física.

Não se tratando de sentimento, é ação e, se algum sentimento existe, é o de sacrifício, pois, antes de agir de maneira tolerante, existe uma escolha, a escolha de negar um elemento da própria vontade após o cálculo da recompensa: partindo do pressuposto sentimento de que não se quer tolerar e nem se cogitaria em tolerar se não houvesse uma recompensa, uma vez que ela existe e, se essa recompensa, isto é, o fato de ser tolerado, resultar em efeitos socialmente mais benéficos do que agir externando a vontade verdadeira, tolera-se.

Embora existam doutrinadores que defendam a tolerância como omissão, entendemos que estejam equivocados. Falamos, juridicamente, em omissão quando, em contrapartida, temos um dever ou faculdade legal que não foram satisfeitos pelo agente. Quer dizer, a omissão só é considerada quando se cogita que a ação não executada era lícita. De modo que considerar a tolerância uma omissão é, *mutatis mutandis*, conferir alguma recepção jurídica positiva (legitimidade) à intolerância; o que é absurdo. A tolerância é comando fundamental para a concretização da dignidade da pessoa humana e instrumento indispensável para a pacificação e ordem social. A ação intolerante não pode, em nenhuma hipótese ser encarada como ato jurídico, porque é, essencialmente, ato antijurídico – exceto quando falamos em intolerância da intolerância (que é uma faculdade que exsurge com a natureza jurídica de legítima defesa).

Da mesma forma que o direito não proíbe "matar" (não existindo, assim, o dever de se omitir de matar; pois matar é ato ilícito por si e informa que "deixar viver" é um comando de ação implícito no ordenamento – até mesmo porque, se tratarmos o direito penal como um direito de omissões obrigatórias, aniquilaremos a ideia do desvalor penal, bem como subverteremos a essência das razões do direito, uma vez que isso possibilitaria considerar que, não fossem as proibições convertidas em obrigações omissivas, a ação seria natural à humanidade), não existe proibição (mas existem consequências) para a intimidação, ou seja, não existe um dever de omissão da imposição, da intolerância, porque ela é ato antijurídico. Já "tolerar", uma vez que é ato jurídico, é comando implícito para uma ação que decorre da antijuridicidade da ação contrária; e nunca uma omissão – que é apenas considerada negativamente, ou seja, como falta (omissão é a ausência de dever ou faculdade lícita), quando a ação frustrada era obrigatória ou permitida pelo ordenamento jurídico (não se fala em omissão quando a ação considerada é ato lícito e a ação não tomada é um ato antijurídico).

O mesmo raciocínio se aplica ao caso de intolerância da intolerância: da mesma forma que "matar", "não tolerar" nunca deixa, objetivamente, de ser ato antijurídico, de modo que "não tolerar" frente a "não ser tolerado" tem a mesma essência de "matar" frente a "não ser morto"; quer dizer, é ato antijurídico que o próprio ordenamento circunstancialmente aceita e transforma (em processo que chamamos de ficção jurídica) em ato jurídico, porque existe um ato antijurídico anterior que só poderia ser neutralizado imediatamente com outro ato antijurídico de igual grandeza (como em uma equação matemática na qual a multiplicação de *negativo* e *negativo* resulta em *positivo*; ou, em um jogo de soma cujo resultado deve ser zero, porque o direito só transforma um dos *negativos* em *positivo*). Assim se opera a justificação jurídica da legítima defesa, que, porque é sempre um ato antijurídico no nascedouro, deve provar, para que seja considerada, a antijuridicidade do ato anterior que se quis neutralizar e a equivalência a ele – de forma que um tiro não é legítima defesa frente a uma ameaça ou uma surra não pode ser legítima defesa ao xingamento –, razão pela qual nunca exsurge como dever legal, mas, sempre e invariavelmente, como permissão legal, ou seja, faculdade.

Em outras palavras, tolerância é, em sua essência, uma ação. Como ação, a tolerância é um fingimento: o eficiente fingimento do respeito. É e sempre será, necessariamente, um fingimento, pois, quando deixar de ser, só poderá se consubstanciar em respeito... Ou intolerância.

O conceito é bem ilustrado pela clássica anedota de Voltaire em seu *Traité sur la tolérance*:

O dominicano e o jesuíta agarraram-se pelos cabelos. O mandarim, informado do escândalo, mandou os dois para a prisão. Um de seus ministros perguntou-lhe: "Quanto tempo Vossa Excelência quer que eles fiquem detidos? – Até que estejam de acordo, respondeu o mandarim. – Ah!, fez o ministro, então ficarão na prisão pelo resto da vida. – Pois bem, replicou o mandarim, até que se perdoem, – Eles jamais se perdoarão, disse o outro; eu os conheço. – Pois então, concluiu o mandarim, até que finjam perdoar-se."[54]

---

[54] VOLTAIRE. *Tratado sobre a tolerância:* a propósito da morte de Jean Calas. 2. ed. Trad. Paulo Neves. São Paulo: Martins Fontes, 2000, p. 111.

QUARTA PARTE

# AONDE QUER CHEGAR

# TODA ESTUPIDEZ SERÁ CASTIGADA

Sejam *terraplanistas*, cristãos terríveis, democratas do AI-5, corruptos necessários ou entusiastas da Cloroquina, não é fácil escapar da humilde liberdade de ignorância do autodidata nem da *meia-ciência* do *meio-cientista* que, conforme Pierre Bourdieu, "aceita sem exame categorias de percepção ligadas a um estado do mundo douto, dos conceitos semiconstruídos, mais ou menos diretamente tirados do mundo social"[55]. Se não é fácil escapar, não temos razão para nos omitir: toda estupidez deve ser castigada.

Diante desse fardo que carregamos, não podemos deixar de discorrer sobre a tresloucada militância LGBTQIA+ dos nossos dias, que forma, junto aos militantes da homofobia cristã, uma dupla que se retroalimenta: uma tira sua legitimidade do descrédito da outra, que tira sua legitimidade do descrédito daquela e, assim, instituem um *looping* infernal e nauseante de pensamentos e palavras, atos e omissões cuja culpa é sempre do outro.

Esse revezamento de resultado único (eternizar o problema em nome do monopólio da violência) é exemplificado com perfeição através da procedência judiciária quanto ao reconhecimento (temporário) da homofobia como crime de racismo.

---

[55] BOURDIEU, Pierre. *O poder simbólico*. 14. ed. Rio de Janeiro: Bertrand Brasil, 2010, p. 184.

## Considerações jurídicas sobre a questão do racismo no Brasil

Um dos "objetivos fundamentais da República Federativa do Brasil" é "promover o bem de todos, sem preconceitos de origem, raça, sexo, cor, idade e quaisquer outras formas de discriminação". Assim dispõe o artigo 3°, IV, da Constituição Federal de 1988 – que, ademais, estabelece como princípio das relações internacionais brasileiras o repúdio ao racismo no inciso VIII do seu artigo 4°. O documento também consagra de forma pétrea, entre os direitos e garantias fundamentais, o princípio da igualdade e o comando da não discriminação no *caput* do seu festejado artigo 5° ("Todos são iguais perante a lei, sem distinção de qualquer natureza"), bem como condena toda forma de tratamento desumano ou degradante – predicados inevitáveis a qualquer prática discriminatória – em seu inciso III e torna, no X, invioláveis a honra e a imagem de todas as pessoas – direitos da personalidade fatidicamente lesados de todo sujeito discriminado. Não bastasse, o inciso XLI do mesmo artigo é claro ao estipular que "a lei punirá qualquer discriminação", além de constituir, no XLII, a "prática do racismo" como "crime inafiançável e imprescritível".

Ora, muito embora a linguagem do senso comum nacional empregue o termo racismo para se referir ao preconceito em razão da cor da pele, é certo que, em decorrência do mencionado artigo 3°, IV, o mesmo não se pode dizer do vocabulário jurídico, quer dizer, do conceito constitucional de racismo, pois *verba cum effectu sunt accpienda*. Assim, não contendo a lei palavras inúteis – exigência ainda maior quando se trata da Lei Maior –, a expressão "racismo" empregada no inciso LXII do artigo 5° não pode ter, obrigatoriamente, outro significado senão o de *preconceito étnico, social, sexual, físico, etário ou de qualquer outra natureza*. Descartar esse entendimento é tornar inútil o elenco exemplificativo do artigo 3°, IV, em especial da expressão "quaisquer outras formas de discriminação" – expressão que se repete no texto do artigo 5°, LXI.

Em outros dizeres, além de tornar os textos de trechos pétreos da *Lex Legum* inúteis, defender que a palavra "racismo" do referido inciso LXII somente se liga aos critérios de cor e etnia é defender, necessariamente, que a própria Constituição da República pratica discriminação contra todas as "outras formas de discriminação", uma vez que estas restariam desproporcional e inconstitucionalmente diminuídas diante dos critérios de etnia e cor (*desigualando desiguais nas suas igualdades portanto*), como se o Constituinte desprezasse ou tivesse qualquer preconceito em relação às demais – uma torpeza que não pode ser cogitada, pois, além da sua antijuridicidade, contraria o espírito constitucional de formar, conforme o *Preâmbulo* da própria *Lex Legum* que deve estar refletido em cada uma das disposições ao longo de todo o seu extenso texto, "uma sociedade fraterna, pluralista e sem preconceitos".

Por fim, dentre os direitos que assegura à criança e ao adolescente no artigo 227, a Carta Magna também se propõe a colocá-los a salvo de toda discriminação, concedendo destaque, no inciso II do § 1° deste mesmo artigo, aos portadores de qualquer deficiência e, no § 6°, aos filhos nascidos fora da relação matrimonial.

Antes do novo capítulo de nossa República, inaugurado como a Constituição de 1988, o racismo foi considerado contravenção penal no último Governo Vargas a partir da Lei 1.390, de 3 de julho de 1951 (a famosa *Lei Afonso Arinos*), que se valia dos critérios *raça* e *cor*, ambos repetidos pelo Legislador que atendia ao comando constitucional atual através da Lei 7.716, de 5 de janeiro de 1989, popularmente conhecida como *Lei do Racismo*, que tornou essas ações discriminatórias crimes de fato. Apesar de repetir tais critérios, conforme acabamos de expor, eles já surgiram superados, uma vez que o conceito constitucional de racismo corresponde a toda forma de discriminação.

Já no ano seguinte, 1990, e ainda a despeito do entendimento constitucional que destacamos, a chamada *Lei do Racismo* teve ampliadas as hipóteses de aplicação com a inserção, ao lado de *raça* e *cor*, de etnia, religião e procedência nacional. Mais tarde, em 1997, são criados casos qualificados para o crime de "(p)raticar, induzir ou incitar a discriminação ou preconceito", previsto no seu artigo 20 (destacamos, dentre eles, a hipótese de serem difundidas por qualquer meio ou publicadas de qualquer forma), bem como insere-se, no Código Penal, o §3º ao artigo 140, tipo vulgarmente conhecido como "injúria racial" (mais acertada é a expressão *injúria discriminatória*).

Por fim, importa destacarmos que o preconceito afeta todo o texto do Código Penal: *a prática discriminatória reflete em todos os crimes ali previstos*, uma vez que, de acordo com o artigo 61, II, a, o *motivo torpe* (e toda prática discriminatória é, por natureza, torpe) é circunstância que sempre provoca o aumento da pena – e, mais que agravar a condenação, qualifica os crimes de *homicídio* (artigo 121, § 2º, I) e de *induzimento, instigação ou auxílio ao suicídio ou à automutilação* (artigo 122, § 3º, I).

Como se nota, o ordenamento jurídico brasileiro sempre cumpriu, a contento, o comando constitucional de combate a toda forma de discriminação. E, se a problemática inicial gravitou em torno da ponderação entre a não discriminação e as liberdades também elencadas no artigo 5º da Constituição, em um segundo momento, a definição de racismo, o seu conteúdo jurídico – especialmente quando definitivamente constatada a inexistência de raças pela Ciência, mas só uma raça humana –, foi questão superada no ano de 2003 pelo STF, que acolheu a construção da teoria apresentada pelo Professor Celso Lafer no famoso Caso Ellwanger.

## Toda prática discriminatória e motivada por preconceito de qualquer espécie é racismo

Por maioria de votos, em 17 de setembro de 2003, o STF não concedeu *Habeas Corpus* a Siegfried Ellwanger, que pretendia ver reconhecida a atipicidade de sua conduta como crime de racismo. Ellwanger publicara, em 1989, diversos livros de conteúdo abertamente antissemita, tendo sido representado por crime de racismo em 1990. Alegava seu pedido que *judeu não é raça* e, por tal motivo, não poderia ter cometido crime de racismo.

No acórdão que julgou o *Habeas Corpus*, de autos nº 82424-RS, em resumo, decidiu-se que o racismo se origina de processo político-social de intolerância a uma coletividade de indivíduos que se diferenciam por suas especificidades socioculturais e que, portanto, **o conceito constitucional de *racismo* é o conceito antropológico de raça social definida por indicador físico ou cultural**. Portanto, o conteúdo jurídico do racismo reside nas teorias e nos preconceitos que estabelecem diferenças entre grupos e pessoas, a eles atribuindo as características de uma "raça" para discriminá-los, de modo que "raça" é uma construção histórico-social voltada para justificar a desigualdade – e, conforme o Professor Lafer, "os judeus não são uma raça, mas também não são raça os negros, os mulatos, os índios e quaisquer outros integrantes da espécie humana que, no entanto, podem ser vítimas da prática do racismo. É o caso, por exemplo, dos párias na Índia"[56].

Assim, não se pode reduzir o racismo ao velho entendimento de raça sob pena de estarmos diante de um crime impossível pela inexistência do objeto: as raças. Logo, o conteúdo jurídico do crime da prática do racismo reside nas teorias e preconceitos que discriminam grupos e pessoas, que nada mais fazem do que exercer seu *direito à diversidade*.

Esse entendimento, aliás, já era conhecido e filosoficamente incontroverso: Hannah Arendt, em *Race-Thinking before Racism* (1944), encontra na obra do Conde Arthur de Gobineau (1853) a base fundamental do racismo, ou seja, a impostura científica redutora de qualquer expressão espiritual ou fenômeno cultural que, posteriormente, possibilitou a organização das personalidades inatas do romantismo alemão para defini-las como membros de uma aristocracia natural, bem como constituiu a potente ideologia de qualquer política imperialista.

---

[56] *Transcrição do parecer do professor Celso Lafer, STF, HC 82424-RS, Rel. Min. Moreira Alves, j. 17.09.2003, fls. 627(302).*

Porque a ideologia racista se firma a partir dos escritos de Gobineau, extraímos a seguinte curiosa conclusão: no Brasil, especificamente, o conceito (pejorativo) de raça alcança cada um dos brasileiros natos, ou seja, o racismo, por aqui, é universal, de maneira que qualquer prática discriminatória contra qualquer brasileiro em razão de qualquer critério deve, de rigor técnico, ser classificada como racismo. Convém explicarmos.

Diplomata francês, o filósofo e escritor Arthur de Gobineau fora nomeado Ministro de seu Soberano no Brasil em 1868. Aqui instalado, surpreendeu-se com o fato de o Imperador D. Pedro II já conhecer a sua obra. Tornaram-se, então, amigos – e a amizade perdurou até a morte do Conde, em 1882. Apesar de Gobineau se referir a Pedro II como "o príncipe mais inteligente e erudito que existe"[57], Georges Raeders conta que, nem assim, o brasileiro não restou imune das suas considerações raciais. Certa feita, escreveu Gobineau sobre Pedro II: "Descobri, sobretudo, que, quando não concorda comigo, lança-me sem uma palavra um certo olhar de soslaio, carregado de um orgulho e de uma frieza tipicamente castelhanos, e cheirando à casa da Áustria, com a qual tem laços de sangue. Nessas ocasiões lembra espantosamente os Felipes de Velásquez"[58].

Nada que se comparasse, no entanto, com a descrição que fazia dos súditos, o povo brasileiro: "Já não existe nenhuma família brasileira que não tenha sangue negro e índio nas veias; o resultado são compleições raquíticas que, se nem sempre repugnantes, são sempre desagradáveis aos olhos"[59]. Não bastante, em carta a Marie Dragoumis datada de 1869, recorreu ao marujo Simbá dos contos d'*As mil e uma noites* para afirmar que os brasileiros são "macacos extremamente feios"[60] governados por um Imperador, pelo menos este, humano.

---

[57] RAEDERS, Georges. *O inimigo cordial do Brasil*: o Conde de Gobineau no Brasil. São Paulo: Paz e Terra, 1988, p. 46.

[58] *Ibidem*, p. 80.

[59] *Ibidem*, p. 90.

[60] *Ibidem*, p. 78.

Em suma, para o teórico inaugural do racismo, *todo e qualquer brasileiro é de raça inferior,* razão pela qual, no sentido mais literal do termo, *discriminar qualquer um dos brasileiros, por qualquer motivo, configura racismo.*

De qualquer forma, o que queremos dizer é o seguinte: a partir do julgamento do Caso Ellwanger, dúvidas não restaram sobre o conceito jurídico de *raça,* o qual sintetizamos como *determinada característica biológica (genotípica ou fenotípica), vocacional, sentimental, de pensamento ou sociocultural diferencial e, político-socialmente, definidora de um indivíduo ou de qualquer grupamento humano por ela identificado.*

## *"Quem ganhar ou quem perder, nem quem ganhar nem quem perder, vai ganhar ou perder; vai todo mundo perder"*

*Pensar* é ação cada vez mais esquecida – ou depreciada – em nossos dias, muito em razão da moderna sociedade formatada em *redes de indignação e esperança,* na gentil denominação de Manuel Castells, redes que, lamentavelmente, corromperam-se pela violência de *legioni di imbecilli* em redes de indignação, ressentimento e ódio, que promovem, segundo Umberto Eco, "o idiota da vila em detentor da verdade"[61].

O mesmo STF, em 2019, decidiu outro caso de discriminação e preconceito de forma nada condizente. Melhor dizendo: usou aquelas mesmas bases sobre as quais ergueu o conceito estendido de raça para decidir de maneira aparentemente igual, mas essencial

---

[61] Em 10 de junho 2015, profetizando o fato de que a *internet* promove "lo scemo del villaggio a detentore della verità", disse Umberto Eco: "I *social media* danno diritto di parola a legioni di imbecilli che prima parlavano solo al bar dopo un bicchiere di vino, senza danneggiare la collettività." (Traduzimos: "As redes sociais dão direito de palavra a legiões de imbecis que, antes, falavam apenas no bar depois de um copo de vinho sem prejudicar a comunidade." – disponível em: <https://www.huffingtonpost.it/2015/06/11/umberto-eco-internet-parola-agli--imbecilli_n_7559082.html>, acesso em 22 jul. 2021)

e diametralmente oposta. De fato, alguns Ministros até recordaram e citaram aquele acórdão histórico, mas o aplicaram de maneira absolutamente equivocada; ou seja, foi utilizado como premissa da qual se extrai conclusão incompatível, como fundamentação para uma decisão que, o que é pior, esvaziou o seu conteúdo, apresentando-se como a entidade absurda do *entendimento que não entende*. Mais que essa incompatibilidade indelével, mas sutilmente operada, angustiou-nos o fato de não ter sido ela percebida por unanimidade substancial.

O motivo dessa conclusão mais recente, talvez, além da vaidade instantaneamente saciada pela repercussão midiática e, principalmente, através das redes virtuais – realidade impensável em 2003, mas onipresente e insuperável em 2019 –, tenha sido certo medo de enfrentar a ferocidade da reação imediata dessas redes de indignação orquestradas pelo identitarismo militante, que é, quase sempre, amparado por célebres formadores de opinião eticamente irresponsáveis e moralmente esquizofrênicos, qualidades essas compartilhadas com os grupos identitários, haja vista que estes, protegidos desde 2003, além de revelarem a mais completa falta de noção jurídica sobre a proteção de que já gozavam, por vaidade midiática, ressentimento irado ou necessidade de opressão eterna, festejaram a anulação da própria proteção definitiva e, consequentemente, comemoraram (aparentemente sem saber) a brecha aberta para identitarismos rivais validarem seu preconceito.

Em 23 de maio de 2019, o STF formou maioria quanto ao entendimento da possibilidade de enquadramento da homofobia e da transfobia (economicamente chamadas de *homotransfobia*) no crime de racismo previsto no artigo 20 da já citada Lei 7.716. A decisão não causaria espanto se ela se limitasse a essa apresentação.

Assistindo à mencionada sessão de julgamento e, na contramão de todos os outros homossexuais, daqueles que comemoravam e também daqueles que lamentavam o rumo dos acontecimentos naquela noite de maio, qual não foi nosso desconforto quando percebemos o grave equívoco da decisão que se firmava... O Pretório Excelso julgava a Ação Direta de Inconstitucionalidade por Omissão (ADO)

26 proposta pelo então Partido Popular Socialista (PPS) contra o Congresso Nacional em 2013, bem como, conjuntamente, o Mandado de Injunção (MI) 4733 impetrado pela Associação Brasileira de Gays, Lésbicas, Transexuais e Intersexos (ABGLTI) em 2012.

Em apertada síntese, na ADO 26, alegava-se a existência de ordem constitucional para que se legisle criminalmente sobre a homotransfobia. Assim, queria-se saber se havia mora inconstitucional do Congresso Nacional acerca dessa criminalização específica e se era possível a aplicação subsidiária da Lei 7.716. Já no MI 4733, sustentava-se que a Constituição da República permitia a sua impetração visando a criminalização específica dessas condutas, pois, sem tal tipificação, homossexuais e transexuais não poderiam exercer, de fato, as prerrogativas inerentes à cidadania nem gozar de dignidade. Alegava-se, nesse sentido, a existência de ordem constitucional para legislar criminalmente, uma ordem que não só obriga o legislador a percorrer o tema, mas que também já define, de antemão, o resultado da votação: *aprovar ou aprovar*. Ambas as proposituras, por fim, requeriam a condenação do Estado brasileiro, até que não surgisse tal legislação específica criminalizando as práticas homotransfóbicas, em indenizar todas as suas vítimas.

Afastada unicamente a pretensão indenizatória, o STF não somente reconheceu a aplicação subsidiária da Lei 7.716 para os casos de homotransfobia enquanto não aprovada lei que os criminalize especificamente – ou seja, *razzismo ma non tropo* –, bem como, canhestramente, que o Congresso Nacional se encontra em mora inconstitucional para tanto. Esse episódio revela despreparo da militância, seu profundo desconhecimento sistêmico jurídico, além de incompreensível conduta dos Ministros do STF que, contrariando seus próprios e históricos entendimentos, nos arrastaram para um limbo jusfilosófico repleto de almas bipolares ora positivistas ora interpretativas[62].

---

[62] Ao analisar a natureza do Direito, Dworkin considera duas teorias principais: (*i*) o positivismo, que declara absoluta independência entre Direito e Moral e no qual, se aprovada, uma lei se torna realmente lei; e (*ii*) o "interpretativismo",

Como diz o cancioneiro, "as aparências enganam aos que odeiam e aos que amam": apesar dos efusivos aplausos midiáticos progressistas, o acórdão, golpe impreciso e equivocado contra a discriminação, não passou de aparente vitória dos homossexuais e transexuais e, ao mesmo tempo, derrota também apenas aparente dos homotransfóbicos – estes, ao fim e ao cabo, os reais vitoriosos. Apesar da aparente boa intenção, os Ministros do STF parecem ter esquecido que o inferno, dela, está cheio.

Enfim, a militância LGBTQIAP+ deveria ter estudado um pouco mais, pois, caso tivesse, a partir de 2003, reagido juridicamente aos primeiros sinais de homotransfobia, bem como às primeiras negativas policiais de registro e investigação desses casos como crimes de racismo, certamente, há mais de uma década, já teria condenado muitos homotransfóbicos.

Mas prevaleceu a vaidade e a insistência em um crime específico que vai trazer desvantagens e prejuízos aos homossexuais e transexuais e uma grande vantagem aos religiosos homotransfóbicos, uma vez que, tendo decidido o STF, em 2019, que a aplicação do racismo para os casos de homotransfobia deve ser algo meramente subsidiário enquanto não exista lei específica, a militância descolou, mesmo que de maneira ficta, a natureza jurídica do racismo da natureza jurídica da homotransfobia, abrindo uma oportunidade para identitarismos religiosos antagônicos: o Congresso Nacional, manietado pela Bancada da Bíblia, já se preparou para o caso de se ver obrigado a legislar sobre o assunto e sobre como conseguir um salvo-conduto através do Projeto de Lei do Senado 672/2019 que visa alterar a Lei nº 7.716 – apesar de passar a mencionar, no *caput* do seu artigo 20, a expressão "orientação sexual ou identidade de gênero", deverá prever o seguinte:

---

que nega que Direito e Moral sejam sistemas totalmente independentes e afirma que o Direito inclui não somente as regras específicas promulgadas, "mas também os princípios que fornecem a melhor justificação moral para essas regras promulgadas" (DWORKIN, Ronald. *Justiça para ouriços*. Trad. Pedro Elói Duarte. Coimbra: Almedina, 2016, p. 410-411)

> Não constitui crime a manifestação de opinião de qualquer natureza e por quaisquer meios sobre questões relacionadas a orientação sexual ou identidade de gênero, sendo garantida a liberdade de consciência e de crença, de convicção filosófica ou política e as expressões intelectuais, artísticas, científicas e de comunicação.

Mesmo que essa jogada legislativa fracasse, pelos termos da decisão do STF em 2019, continuará aberta a janela de oportunidade e possibilidades para distorção da proteção de homossexuais e transexuais contra práticas discriminatórias. Ademais, no advento da norma específica midiática e requerida pela militância, a homotransfobia não será, como é o racismo, crime inafiançável e imprescritível. Se a questão da homotransfobia se encerrasse conforme o acórdão Ellwanger, restando contida na definição constitucional de racismo (e não ao lado como coisa diversa), o resultado prático das condenações penais seria o mesmo e não haveria margem de manobra para grupos antagônicos. Portanto, mesmo com a futura aprovação do crime, os homossexuais e transexuais já perderam duplamente.

A falta de técnica foi além: se o conceito de racismo já englobava a homotransfobia, não poderia, obviamente, existir omissão ou mora inconstitucional do Poder Legislativo; afinal, já existe lei que atenda o preceito constitucional invocado como não regulamentado e que possibilita o exercício pleno da cidadania aos homossexuais e transexuais. Esquematizamos para melhor compreensão:

(*a*) uma vez que homofobia e transfobia são práticas discriminatórias baseadas em preconceito ou ódio;

(*b*) considerando que, desde 2003, o STF entende que racismo compreende toda forma de ação discriminatória baseada em preconceito ou ódio contra indivíduo ou grupo social; e

(*c*) já existindo, no ordenamento pátrio, normas que criminalizam e punem ações racistas, que, por definição constitucional, são todas as formas de práticas discriminatórias nas quais se incluem as práticas homofóbicas e transfóbicas;

(*d*) é errado dizer que não exista previsão legal que proteja as vítimas de homotransfobia; e

(*f*) porque já existe lei que atenda tal pretensão, carece de qualquer sentido dizer que exista mora ou omissão do legislador no seu dever de legislar (comando constitucional a cuja inobservância a própria Constituição combate via ação direta de inconstitucionalidade por omissão ou mandado de injunção previstos, respectivamente, nos seus artigos 103, § 1º, e 5º, LXXI).

Se, por um lado, inexiste expresso programa constitucional para defesa legislativa específica da sexualidade, por outro, da mesma forma que o comando "cair" é decorrência silenciosa e natural da lei gravitacional, diversidade sexual e identidade de gênero decorrem, obrigatória e inevitavelmente, da lei constitucional; negar esses temas tornaria o reconhecimento da dignidade da pessoa humana tão inútil quanto negar a queda gravitacional na Terra. Logo, além da ausência de necessidade, definir a pauta do Poder Legislativo nessa matéria e, mais que isso, dizer qual deve ser o resultado da votação nessa pauta, é clara e inescusável interferência do Judiciário em outro Poder, desequilibrando e ferindo a tripartição exigida pela República.

O Poder Judiciário, mais uma vez, estendeu a mão à população LGBTQIAP+. É por obra do STF que homossexuais podem se unir em matrimônio ou terem reconhecidas suas relações familiares. Contudo, no caso da homotransfobia, não fosse a preocupação populista, a conclusão dos Ministros dessa Corte poderia ter sido mais técnica: bastava reconhecer inexistir qualquer omissão inconstitucional legislativa, pois a homotransfobia já está, desde 2003 pelo menos, contida no racismo (afinal, têm a mesma natureza jurídica) e, portanto, já era crime – e fazer daí, talvez, uma Súmula Vinculante.

## Os militantes identitários estão para a diversidade da mesma maneira que os religiosos fanáticos estão para a liberdade

Alegando exercício legítimo do direito à diversidade, as militâncias identitárias têm, contudo, prejudicado o próprio direito que sustentam. *Mutatis mutandis*, agem da mesma maneira que aqueles que abusam do direito das liberdades (a religiosa especialmente) e transformam, consequentemente, um ato lícito garantido pelo Direito em ato ilícito que deve ser reprimido sob o risco da pavimentação de uma estrada de mão única que sai da sociedade com destino às tribos.

Cumpre esclarecermos que *identitarismo* não deve ser confundido com *identidade*. O *identitarismo* resulta de um desvio político-parti-dário no curso do debate acerca da *multiculturalidade* na pauta das políticas de Estado, uma questão levantada na Inglaterra no apagar das luzes da década de 1960 – e, talvez, nem tivesse ali aparecido ou, uma vez ocorrido, poderia ter se desenvolvido de maneira mais razoável, sem que acabasse corrompida em *multiculturalismos* e con-fundida, assim, com o *identitarismo* (ou *militância identitária*) – como pronta reação acadêmica ao desastroso discurso de Enoch Powell, então membro do Parlamento pelo Partido Conservador, apresentado durante uma reunião em Birmingham em 20 de abril de 1968. Nesse discurso, conhecido como *Rivers of Blood* (*Rios de Sangue*), Powell parte de dois relatos que recebera – não se sabe se reais ou anedóticos, mas ambos de conteúdo racista – para convocar seus pares à missão de estancar a onda de imigrações e promover o máximo de deportações sob o risco de, não o fazendo, testemunharem o Reino "acender a sua própria pira fúnebre", encerrando-o com as seguintes palavras: "como o Romano, eu pareço enxergar 'o Rio Tibre espumando com muito sangue'"[63].

---

[63] POWELL, Enoch. *Speech delivered to a Conservative Association meeting in Birmingham on April 20 1962*. Disponível em: < http://www.telegraph.co.uk/comment/3643823/Enoch-Powells-Rivers-of-Blood-speech.html>. Acesso em: 18 out. 2017. (Tradução nossa)

O *identitarismo* é movimento político-social divorciado de uma genuína luta pela identidade – embora se apresente como luta pela identidade, trata-se de uma identidade aparente, partidariamente engendrada, pois propugna, na realidade, pela quebra da verdadeira identidade pessoal, que é naturalmente personalíssima, humanamente individual, pretendendo vê-la dissolvida e substituída por um cardápio extenso de muitas identidades artificiais e enganadoramente personalíssimas criadas (e ininterruptamente criáveis) com o pretexto da diversidade (como se características diferenciais fossem os fatores determinantes da pessoalidade, quer dizer, a identidade pessoal decorresse dos traços e maneiras diferenciais que identificam cada grupo militante – e não o inverso, ou seja, a diversidade como atributo que é da identidade pessoal).

Em outras palavras, *o identitarismo, derivado da identificação e não da identidade*, promove uma alteração quase que imperceptível do conceito de diversidade: de algo que promove a individualidade por caracterizar a personalidade (que é identidade que tem começo e fim no próprio indivíduo) para um elemento anterior que moldaria a própria personalidade (a identificação da identidade dentro do rol apresentado pela militância, que o cria a partir de bases alegadamente "científicas" – tão "científicas" quanto o fundamento racial de Gobineau). Movimentadas e embaralhadas, sutilmente, as balizas da matéria, o identitarismo obnubila o tema para fazer prevalecer o insustentável equívoco de que o direito à diversidade é anterior à própria personalidade individual.

Por seu turno, o *direito à identidade* é decorrência natural dos direitos da personalidade e pressuposto necessário (porque é elemento constituinte essencial e insubstituível) da dignidade da pessoa humana, de modo que, falar em *direito à identidade* é falar em direito à diversidade, um direito que informa a liberdade que os indivíduos têm para expressar a sua identidade e desenvolver sua existência nos planos individual, este sempre mais amplo conforme a ética (que é, para Bernard Williams, pessoal e informa respeito e responsabilidade para consigo mesmo), e coletivo, no qual existem as balizas da responsabilidade moral (que informa o respeito pelo outro).

O *direito à diversidade* é expressão do princípio ético da *autenticidade*, um princípio informador da *dignidade da pessoa humana* e que só pode ser verdadeiramente observado pelo titular desse direito quando é exercido de acordo com o princípio anterior do *respeito próprio*, de forma que a pessoa até pode pensar, por exemplo, que a admissão de tradições religiosas ou comandos de uma militância sejam o caminho certo para sua vida, mas isso deve ser o que *ela* pensa e não porque os outros assim o exigem. Afinal, a capacidade de pensar por conta própria não pode ser inibida pela lealdade – conduta própria dos estúpidos de todo o gênero.

Em *Identity*, obra fundamental sobre o tema, Francis Fukuyama vê, no identitarismo, que chama de *modern identity politics* (identidades políticas modernas), um novo rótulo para práticas antigas, uma vez que replica as lutas e as perspectivas dos velhos movimentos nacionalistas e religiosos ao estabelecer os termos dentro dos quais cada grupo marginalizado deve se enquadrar e, corrompendo o ideal jurídico de luta por um tratamento idêntico àquele que o Estado dá aos grupos socialmente dominantes (princípio da igualdade), exige, notadamente embalado pelo ressentimento, uma identidade apartada para seus membros. Em outros dizeres, o *identitarismo* aniquila o ideal da pluralidade através de uma deliberada confusão: transforma a *luta pelo direito* em *direitos em luta*.

Apresentando-se como defensor de uma escolha *diversa*, o *identitarismo* cumpre seu papel na Estética da Estupidez, porque a sua *diversidade* é reduzida a um esquema identitário impositivo, que tira do indivíduo o poder de construção da sua própria diversidade ao forçar que seu caminho siga uma só estrada quando o itinerário é, na verdade, multiforme.

*Especificar diversidades e liberdades através de normas específicas é o mesmo que produzir, respectivamente, discriminação e escravidão.* Se a diversidade é tão conceitualmente infinita quanto é a liberdade, quando qualquer elemento ou hipótese dentre os infinitos elementos ou hipóteses desses valores é recortado e recebe tratamento especial, os próprios valores da diversidade e da liberdade restam aniquilados, porque, ao definir o indefinível, a norma delimita essências nada delimitáveis – criando uma liberdade e uma diversidade sem essência, desnaturada.

## A humanidade rachadinha

Decerto, caminham todas as políticas identitárias que lutam entre si e todas elas contra a raça humana. Falta pouco para que algum grupo de vítimas da matemática acuse-a de ser instrumento colonialista da branquitude ocidental a fim de fazer equivaler, na observação de Badiou, qualquer dispositivo obscurantista em seu lugar. Algo bastante provável quando se discute com relativa seriedade a *não--binaridade* e o ensino da terra plana.

Como já falamos demais da militância identitária cristã homofóbica, continuemos a nossa análise sobre a atual militância do arco-íris (*genericamente* modificado) que tem deixado desbotar as cores ao mesmo tempo que exige outras, quando não demanda que elas se divorciem à medida que, se uma categoria mais antiga alcança o objetivo (ou está próxima dele), torna-se opressora para as demais; e, não havendo "demais", cria outras categorias em nome da necessidade perpétua de oprimidos.

Maior até que as ideologias políticas, que se confundem com fanatismos religiosos, é a necessidade que as militâncias identitárias têm de criar problemas. Aliás, no campo da sexualidade, existe esse desdobramento centrifugador que supera até os limites da sandice, pois, percebendo que as militâncias históricas, com problemas reais (homossexuais e transexuais – interessando acrescentar os intersexuais que, embora sejam cerca de 1% da população mundial, estão longe de encontrar dignidade em sua condição), têm caminhado para a aceitação, essas militâncias descobriram a necessidade de ter novas categorias de opressão.

ESTÉTICA DA ESTUPIDEZ

Na ausência de categorias e a triunfar o movimento antimanico-mial, o método é criar necessidades para que surjam categorias com complexidades tais que, preferencialmente, sejam insolúveis de modo que sempre contarão com um grupo de oprimidos à mão.

Como os *gadgets* e aplicativos, criam-se necessidades de novas opressões até então inexistentes para que pessoas sem autonomia de personalidade ainda não subjugadas pelo coletivo descubram a necessidade de serem oprimidas de um modo que jamais foram. Fundado em uma renúncia à universalidade, Bourdieu reconhece as criações dessa natureza como *grupúsculos de vanguarda que funcionam como seitas nascidas da cisão e condenadas à cissiparidade.*

A título de exemplo, tomaremos o caso que, para nós, é o mais pitoresco na atualidade: a *não-binaridade.*

## A cabeleira do Zezé

Em poucas palavras, para descrever esse fenômeno identitário que não consegue se fazer entender mesmo através de palavras em excesso, a *não-binaridade* é expressão guarda-chuva que engloba todas as formas dissidentes dos dois "gêneros clássicos", masculino e feminino.

Esse gênero, que abriga infinitos gêneros enquanto for infinita a estupidez humana, advoga a possibilidade de alguém ser homem e mulher ao mesmo tempo ou homem por uma hora e mulher na seguinte, por divisão de turnos, estações do ano, variando a cada período escolar ou conforme todas as combinações e métricas que a aritmética possa alcançar.

Como oferecimento teórico dos crentes científicos, deve-se consi-derar também a parcial ou total irregularidade periódica de variações, uma vez que tudo é discricionário cientificamente (e nada descrito cientificamente). A equação se complica ainda mais quando saímos dos ditos "gêneros clássicos", porque, a qualquer momento, os *não--binários* podem decidir que são de gênero ainda inexistente e, claro, variar entre masculino, feminino e qualquer coisa que o valha no panteão do folclore nacional ou que supere o vastíssimo campo de neologismos de Guimarães Rosa.

Não bastasse exigirem a observação de um ser que não é (como seus irmão religiosos a exigir a observação de uma verdade que é mentira), lutam pelo reconhecimento jurídico – afinal, a prática jurídica substitui a prática religiosa no processo final de legitimação do símbolo – da existência do inexistente em documentos públicos, desde certidões a carteiras de identificação, sem falar em passaportes, banheiros, faixa especial, ciclovias, meia entrada, música no Fantástico, cotas em universidades, serviços públicos e, se colar, em empresas particulares mediante compensação fiscal.

Pessoas de gênero basculante e oculto lutarão pelo direito de, com seus pênis, consultarem-se com um ginecologista que, caso se negue a examiná-las, deverá, claro, ser *cancelado* a partir das redes sociais porque, obviamente, trata-se de um *fascista*. E o mesmo acontecerá, em pouco tempo, com o veterinário que se negar a atender a mesma pessoa.

Tal como a capivara que não pode saltar do penhasco por acreditar que é um pintassilgo, o simples fato de alguém achar que não é homem nem mulher não significa que ele, de fato, não seja.

Mas a militância não vai desistir. Ela marcha rumo ao reconhecimento do direito fundamental que é negado pelo capitalismo opressor a todo Napoleão Bonaparte impedido de fazer sua reforma protestante. Ela, no mínimo, exige respeito e aplausos dos estúpidos concentrados nas suas bolhas epistêmicas, dentro das quais retroalimentam as suas vaidades e solidariamente se encorajam para dar representatividade cada vez maior à estupidez.

Sem novidade, trata-se de modalidade antiga de estupidez já mapeada por Bourdieu em *Le pouvoir symbolique*, qual seja, a imposição de uma nova divisão do mundo social por um ato de magia que pretende trazer à existência a coisa nomeada, pois, creem os militantes, basta a nomeação pública de qualquer particularidade impensável para que se legitime a luta pelo respectivo particularismo, bem como a autoridade suprema sobre o grupo que se quer trazer à existência enquanto grupo, ao qual imporão os princípios de visão única dessa nova identidade de acordo com o delirante monopólio exigido em razão do pioneirismo de mercado.

O militante identitário, qualquer que seja (inclusive o religioso), tem sempre o mesmo objeto. Religioso ou de gênero, a natureza é a mesma; bem como a dinâmica. Tudo igual a qualquer outro grupamento de estúpidos: é a mesma estética de sempre.

As militâncias identitárias no campo da sexualidade apresentam um grande problema adicional: à medida que se irmanam com as militâncias históricas, fazem reacender a chama do ódio contra aquelas que avançam e, porque criam outras demandas (muitas vezes desnecessárias estrategicamente, muitas vezes absurdas) sem que tenham resolvido as anteriores, acabam embarreirando todas e todos ficam igualmente sem nada.

Por exemplo, a questão da ideologia de gênero, especialmente quando fala em *não-binaridade*, cria um problema adicional para a admissão no debate escolar dos temas da homossexualidade e da transexualidade. Tudo vira ideologia de gênero e nada mais vai para a sala de aula, uma vez que a exigência anticientífica da nova militância deu argumentos racionais para a militância homofóbica cristã realizar suas demandas anticientíficas.


## *"Cacildes!"*

Também a questão ortográfica, acerca do gênero neutro, obnubila todas as outras pautas da sexualidade enquanto ainda morrem crianças homossexuais e transexuais espancadas por seus pais e padrastos.

Em que pese a questão do aprisionamento do pensamento na problemática dos jogos de linguagem descritos por Wittgenstein, podemos concluir que essa tentativa de manipulação da linguagem está longe de ser inocente, uma vez que, na esteira de Emmanuel Levinas, ao mesmo tempo que a fundamentação do pluralismo não congela no isolamento os termos que constituem a pluralidade, ela os exclui da totalidade que os absorveria, deixando-os à mercê do comércio ou dos conflitos. Esse corte linguístico tende a promover o isolamento da categoria identitária "como deuses epicurianos, que vivem nos interstícios do ser ou como os deuses imobilizados no meio tempo da arte"[64], ou seja, *estátuas que se olham com olhos vazios, ídolos que se expõem e não veem.*

Longe de humanizar uma opressão que não existe na realidade, a manipulação da linguagem requerida pela militância identitária é, no fundo, desumanizadora, na medida que afasta sua clientela da essência humana, que está além de todo atributo, reduzindo-a ao elemento identificador dentro do seu recorte e, por fim, subordinando a finalidade de suas vidas ao argumento fundamental heterodoxo, arbitrário e comunitário (sedução e ameaça: violência simbólica). Assim, a subordinação radical da essência humana à finalidade do grupo é a realidade que se esconde em demandas ditas humanitárias que só fazem anular a humanidade do seu público, reificado a partir da intencional manipulação e amplificação de diferenças "espontâneas" de estilos de vida – um processo que passa a exigir o *status* de diferença natural para esses recortes artificiais (em um sentido involutivo que permitirá, até mesmo, a volta da cogitação de *raças humanas*) obtidos através daquilo que Weber, em *Wirtschaft und Gesellschaft*, já denominava *stilisierung des lebens* (estilização das vidas).

Trata-se, na realidade, de demanda simbólica que objetiva eternizar a mazela daqueles que a militância diz defender, pois a universalização de um padrão de estilo de vida representa a negação da autonomia da vontade e da individualidade dos envolvidos, sem contar que, uma vez que o símbolo não é real, ele sempre será um problema em aberto e, porque não é problema real (só aparente), nunca poderá ser fechado na realidade enquanto for mantida a aparência. Assim, fidelizam minorias hipnotizadas e atormentam minorias conscientes,

---

[64] *Op. cit.*, p. 217.

prejudicando todos conjuntamente, pois, conceituados, estão em processo de descida para a categoria de mercadorias possíveis.

Sobre o símbolo, retomamos a síntese que apresentamos, logo no início deste trabalho, a partir das lições de Bourdieu e Weber: ele é instrumento estruturado e estruturante de conhecimento e de comunicação, cujo poder é capaz de construir uma realidade que tende a estabelecer uma ordem gnosiológica, quer dizer, provocar um sentido inteligível no campo da *teoria do conhecimento* que atribui uma concepção homogênea do tempo, do espaço, do número e da causa, possibilitando a concordância entre as "inteligências" e, consequentemente, o consenso. Dessa maneira, o símbolo serve como ferramenta de *domesticação dos dominados* na medida que serve a interesses particulares que tendem a se apresentar como universais, especialmente porque é uma forma irreconhecível de poder que dissimula e oculta outras formas de poder – a militância simbólica tende a criar aquilo que Bourdieu chama de "mistério do ministério", ou seja, o fechamento do grupo identitário de modo que somente os seus porta-vozes possam falar em nome dele, criando uma aparência legitimadora do poder do grupo sobre aqueles que são o seu verdadeiro princípio, ou seja, magicamente substituindo a razão temática de ser do agrupamento pelo ato de nomeação do grupo.

Afinal, muito mais fácil que resolver velhos problemas é criar novos que, de quebra, eternizam os anteriores perpetuando a militância. Nesse processo, merecem especial destaque as militâncias da *não-binaridade* e da *estruturalidade racial*, hoje fascinadas com o simples artifício de criar neologismos para nomear tudo aquilo que as desagrada ou desfavorece em qualquer segmento da existência, gerando na plateia estúpida a aparência de cientificidade da nova demanda que, o que é melhor ainda, parecerá ter sido arbitrariamente ocultada daquela minoria pela maioria sempre diabólica (pela ditadura dos outros), podendo, então, responsabilizar a todos menos a si próprias.

## Indigenismo indigesto

Nossas críticas são bem ilustradas através das "conquistas" do indigenismo no Brasil –identitarismo que subjuga a vida dos indígenas em território nacional. Em razão dessa militância, os tribunais brasileiros têm entendido que os castigos impostos por um cacique a qualquer indígena de sua aldeia nem sempre serão indenizáveis – mesmo quando acarretam inequívoco dano moral.

O Tribunal Regional Federal da 4ª Região, por exemplo, decidiu que deve ser "tolerada a aplicação, pelos grupos tribais, de acordo com as instituições próprias, de sanções penais ou disciplinares contra os seus membros, desde que não revistam caráter cruel ou infamante, proibida em qualquer caso a pena de morte."[65] Isso porque o artigo 231 da Constituição Federal de 1988 assegura, aos indígenas, o reconhecimento da "sua organização social, costumes, línguas e tradições". Logo, o que para nós é um mal, para determinada cultura indígena pode não ser e, então, não se deve falar em conduta ilícita mesmo diante de situações que deprimam qualquer outro ser humano, uma vez que a submissão a castigos "faz parte das regras e costumes da comunidade indígena, não configurando ato abusivo à dignidade da pessoa humana."[66]

Ou seja, mesmo que um indígena sofra uma ofensa moral que lhe tire a vontade de viver por causa de um castigo ou ameaça de castigo decorrente, por exemplo, da sua sexualidade ou, para uma indígena, da desobediência a seu macho, será, mesmo assim e por mais profundo que seja o abalo psíquico dessa vítima, considerada *inexistente a conduta ilícita do agressor* (cacique) se essa conduta (castigo ou ameaça do castigo) fizer parte das *regras e costumes da comunidade indígena...* O indígena não tem direito, como nós teríamos na mesma situação,

---

[65] *TRF4, Apelação Cível nº 5006662-48.2012.404.7202/SC, Rel. Des. Luiz Alberto D'Azevedo Aurvalle, j. 16.12.2014.*

[66] *TRF4, Apelação Cível nº 5006662-48.2012.404.7202/SC, Rel. Des. Luiz Alberto D'Azevedo Aurvalle, j. 16.12.2014.*

a pedir, na Justiça, a compensação por danos morais, porque, ao que parece, ele não tem os mesmos sentimentos do homem civilizado.

Em última análise, colocar os *costumes da comunidade* acima da pessoa humana é criar cidadãos de segunda categoria (situação da mulher no nosso Direito até 2005) e repetir a execrável ideia que imperou nos julgamentos criminais em nosso país até muito recentemente, qual seja, a absolvição de maridos que assassinavam as suas mulheres em nome da *legítima defesa da honra*. Nesse sentido, enquanto uma pessoa eticamente responsável e que não padece de esquizofrenia moral se revolta com esse entendimento – afinal, ele afronta a garantia constitucional da não discriminação e da proteção integral da dignidade humana –, a militância indigenista o aplaude e, sem corar, argumenta que o conceito da dignidade da pessoa humana deve ser analisado sob o ponto de vista da comunidade indígena e não daquilo que fica por ela definido como *sociedade dominante* – e, por que não dizer, opressora.

Em suma, os entusiastas desse *indigenismo indigesto* não são outra coisa senão versões contemporâneas daqueles que, no passado, acreditavam que indígenas não tinham alma. São, nas palavras do Papa Paulo III, em *Sublimus Dei* (1537), "o inimigo da raça humana".

## Valorizar as comunidades encarecendo a vida nelas

Um outro efeito gerado por esses grupamentos *pseudo-marxistas* que Marx, se vivo estivesse, mandaria exterminar, é, conforme discorremos ao falar sobre arte, a criação de *economias fundadas na denegação do econômico*. Nelas, grupos identitários comunitários valorizam uma *ideologia carismática* que denominam "cultura" e, simultaneamente, fomentam um recalcamento coletivo da arte, a fim de conceder o significado simbólico de arte a toda forma rústica de entretenimento de culturas menos desenvolvidas. Assim, sem que percebam, presenteiam o mercado com um público inacessível até então – e que passa a ser cobrado pelo selo da "arte" colado em sua velha "cultura" –, inclusive disponibilizando a exploração do seu produto cultural de baixo custo – nova "arte" que será vendida para outros públicos encarecida com o selo da "cultura".

## Quando um burro fala, o outro não tem lugar de fala

A estética da estupidez, por fim, também é aplicada à exaustão quando move as minorias através do chamado *lugar de fala*, uma fala com confortável lugar na sala de jantar do ressentimento no qual, na esteira de Nietzsche, "a suscetibilidade mórbida, a impotência em vigiar-se, o desejo, a sede de vingança, o envenenamento de qualquer intuição, tudo isso é para um ser exausto o mais atroz dos modos de reagir"[67].

Recorrendo, mais uma vez, porque imprescindível, ao pensamento de Bourdieu, somos capazes de decifrar o *lugar de fala* como estratégia discursiva, cuja finalidade é produzir uma aparência de objetividade que esconda a real dinâmica das relações de força simbólicas que se manifestam na interação em forma de estratégias retóricas, de modo que garantam a hegemonia do discurso ao conferir uma fachada de naturalidade às determinações arbitrárias sobre os legitimados à palavra, ao corte dela, ao questionamento, à fuga da resposta, às interrupções e às interrupções das interrupções etc.

Nem poderia ser diferente, já que toda militância identitária – que vai daquela que luta pela glória do terrível Cristo àquela que sangra pelo reconhecimento da entidade *não-binárie ovariane cicatrínique de cabele castanhe* – é um círculo de estupidez composto de estúpidos que não aceitam divergência interna e, portanto, indispostos a qualquer dissenso. A ordem interna, assim, requer disciplina que garanta a uniformidade racional da obediência da pluralidade das pessoas. Ou seja, deve haver disciplina para imposição da unanimidade – aquela

---

[67] NIETZSCHE, Friedrich. *Ecce homo*: como cheguei a ser o que sou. Trad. Lourival de Queiroz Henkel. Rio de Janeiro: Nova Fronteira, 2016, p. 35.

unanimidade mencionada pelo maior filósofo brasileiro de todos os tempos, Nelson Rodrigues: "Toda unanimidade é burra. Quem pensa com a unanimidade não precisa pensar".

Bourdieu chama essa disciplina para a unanimidade de *adestramento*, pois ela demanda cumplicidade e compromisso com regras de submissão forçada ou eletiva que os próprios agentes introduzem no corpo da militância, haja vista o fato inescapável de ela ser apenas mais um entre muitos sistemas de defesa coletivos que lutam por monopólio ou destaque dentro de um universo no qual seus *clientes* são sempre potenciais *concorrentes*.

## Breve conclusão

Em seus microcosmos, nos quais nada mais fazem do que repetir a luta simbólica entre classes, militantes políticos da Bíblia e da ideologia de gênero disputam o monopólio da violência simbólica legítima, de modo que cada uma dessas militâncias, ao querer impor à outra – e a todos – instrumentos de conhecimento arbitrários e anticientíficos, perpetua a estupidez assim como era no princípio, agora e sempre. Amém.

QUINTA PARTE

# NO MEIO DO CAMINHO TINHA UMA PEDRA

# ESSE HOMO

*Só assim me livro das palavras com as quais você me veste.*

(Fauzi Arap)

Diz João Evangelista (19,5) que, ao anunciar Jesus a seus algozes, Pilatos teria dito: "ἰδού ὁ ἄνθρωπος" (*idou ho anthrōpos*).

Sabemos que João – como Paulo em suas cartas e os demais evangelistas oficiais – escreveu esse relato na língua grega. Como Pilatos era uma autoridade romana e, sabe-se, o latim era a língua sacramental para qualquer ato jurídico (como, por exemplo, uma condenação), dizem que Pilatos, na realidade, pronunciara tais palavras em latim: "*Ecce Homo*" – que nada mais quer dizer senão "Eis o Homem".

Na iconografia católica, inclusive, *Ecce Homo* é o nome que se dá às representações de Jesus em sofrimento, especialmente nas pinturas em que Ele aparece segurando uma cana verde que lhe teriam dado como cetro no decorrer das humilhações que antecederam à cruz.

De qualquer forma, *Ecce Homo* é Jesus.

*Ecce Homo* também é o título de uma das obras mais polêmicas de Nietzsche, publicada em meio ao agravamento de seus transtornos mentais. Tal fato, apesar de sua impiedosa crítica às religiões cristãs, coloca-o na mesma posição em que Jesus esteve quando Pilatos disse "Eis o Homem": na condição de insano que não sabe o que diz; e, porque aqueles que rejeitaram as suas palavras, as de Jesus e as de Nietzsche, o fizeram por acreditar que estivessem loucos, esses detratores jamais saberão a verdade.

De Nietzsche, guardamos a mesma desesperança confessada em *Ecce Homo*: não podemos prometer, com este ensaio, melhorar a humanidade; nem pretendemos exigir novos ídolos. Basta-nos que os amigos aprendam conosco o que significa ter pés de barro.

Já a partir de Jesus (*Ecce Homo* perfeito), reconhecemos alguém tão humilhado quanto Ele. Uma pessoa desde sempre dada como maluca, como inconveniente à ordem natural e à moral; alguém que, ao longo da história, tem sido rejeitado em favor de Barrabás (tendo ele ouvido do próprio pai: "prefiro um filho bandido") e vive a carregar uma cruz, como que se vivesse em um interminável calvário.

Ao querido leitor que chegou até aqui apresentamos nosso amigo tão íntimo: Esse Homo.

Esse Homo *é o antiasno por excelência.*

Mesmo condenado pela ira de Paulo, Esse Homo desconfia de sua sentença, porque sabe "que a loucura de Deus é mais sábia que os homens" (1Co, 1,25).

Considerado louco ao longo da história, Esse Homo nada teme, pois "Deus escolheu as coisas loucas do mundo para confundir os sábios" (1Co, 1,27).

Desprezado desde sempre, Esse Homo segue seguro, uma vez que "Deus escolheu as coisas vis do mundo e as mais desprezadas, aquelas que não são, para reduzir a nada aquelas que são, a fim de que ninguém se vanglorie diante Dele" (1Co 1,28-29).

Esse Homo não tem medo do inferno nem das palavras de Paulo, já que o mesmo Paulo deixou escapar que a verdade é inacessível se ela não for para todos.

Aliás, Esse Homo parece ser o único a perceber que Paulo, depois de tanta ira contra ele, voltou atrás na mesma carta e pediu a todos os cristãos: "não julguemos mais uns aos outros" (Rm 14,13).

ESTÉTICA DA ESTUPIDEZ

O fato mais irônico é que, no fim de tudo, só Esse Homo demonstra realmente acreditar em Deus; por um simples motivo: Esse Homo tem a sensibilidade de compreender que o homem não é um animal sempre que vê um animal.

Diferentemente de todos os outros seres do reino animal, o homem foi o único que veio ao mundo sem poder dormir e enfrentar todas as estações de um ano somente com a própria pele. Ainda por cima, ao contrário de todos os demais animais, o homem tem na mente liberdades duvidosas – mas, nos braços, limitações selvagens. Como nenhum outro ser vivente, o homem é, ao mesmo tempo, criador e criatura.

Que animal haverá de discordar que não é natural ver o homem como produto natural?

E, por isso, é quando dizem que o desejo sexual d'Esse Homo é contra a natureza, que Esse Homo entende que é divino. E quando acusam de anormalidade o ato sexual d'Esse Homo, Esse Homo tem a mais plena certeza de que é humano.

Esse Homo, afinal, em nada se diferencia da essência de todos os homens que viveram, que vivem e que viverão, porque todos são tão anormais e antinaturais quanto é Esse Homo.

Ora, fossem eles tão normais e naturais como pensam; vivessem eles como vive um ciclo de plantação; esses homens não seriam homens e, por isso, não poderiam pensar em um pai celestial – mesmo existindo um Deus, não seriam filhos Dele, mas somente criaturas.

Por tudo isso é que Esse Homo tem pena e tem raiva e espera que todos compreendam que, assim como ele, todos os seres humanos são contra a natureza.

E quantos cristãos, mesmo assim, condenam Esse Homo alegando que Esse Homo não é natural...

Esse Homo é tão antinatural quanto é antinatural a ressurreição dos mortos, quanto a água que se transforma em vinho, quanto a pedra que se converte em amor. Esse Homo é tão antinatural quanto todas as outras pessoas, neste mundo, que são antinaturais pelo simples fato de nascerem indefesas e dominarem o ambiente, por serem capazes de inventar, de duvidar e de crer; e, porque são todos contra a natureza, todos são divinos.

Não fossem todas as pessoas antinaturais, não teriam razão ao reclamar que são divinas. Não fossem tão anormais quanto Esse Homo, todas as suas preces seriam em vão.

Esse Homo também entende que o homem cristão que, porque é homem, é antinatural – e que só pode ser antinatural porque é divino –, não é um filósofo e que a fé não é uma opinião nem uma crítica de opiniões. Esse Homo espera que ele compreenda que sua travessia deve ser indiferente às diferenças mundanas e possa escapar de qualquer casuística dos costumes, porque também não têm os costumes a verdade que têm as pedras.

Esse Homo está conformado com o fato de que nunca poderá prender, nesta vida, a verdade entre os dedos. Porque, se a verdade está em Deus e é Deus, Esse Homo sabe que não pode, sendo criatura, dominar quem o criou. Porque, se Deus é universal, a verdade é universal, de maneira que somente é universal aquilo que está em exceção permanente.

*Ecce Homo*: Eis o Homem!

Esse Homo: Eis o Homem!

*Ecce Homo*: Esse Homo!

N'*Ecce homo* se encaixa perfeitamente Esse Homo.

Esse Homo que é o pai do personagem que só os seres divinos podem criar.

Esse Homo que é também o filho de sua história, pois, ensina-nos Machado de Assis, "o menino é pai do homem".[68]

Esse Homo, por fim, é o santo espírito que o torna, porque é humano, em ser nada natural para que possa ser divino e, dotado desse espírito que também atende pelo nome de inteligência, Esse Homo tem sido mais homem do que qualquer homem que depende do coletivo para ser homem.

---

[68] MACHADO DE ASSIS. *Memórias Póstumas de Brás Cubas*, 1881, capítulo XI.